WESTEND

Kerstin Herrnkind

Vögeln fürs Vaterland? Nein, danke!

Bekenntnisse einer Kinderlosen

WESTEND

Mehr über unsere Autoren und Bücher:
www.westendverlag.de

Die Deutsche Nationalbibliothek verzeichnet diese Publikation in
der Deutschen Nationalbibliografie; detaillierte bibliografische Daten
sind im Internet über http://dnb.d-nb.de abrufbar.

ISBN 978-3-86489-171-7
© Westend Verlag GmbH, Frankfurt/Main 2017
Umschlaggestaltung: Buchgut Berlin
Satz: Publikations Atelier, Dreieich
Druck und Bindung: CPI – Clausen & Bosse, Leck
Printed in Germany

Inhalt

»Wenn ... jemand nicht gutwillig gehorcht, sondern sich dem Staate wie ein Fremdling und Sonderling anstellt und bis zum 35. Lebensjahre keine Ehe schließt, der soll alljährlich eine Geldstrafe bezahlen ... Außerdem soll ihm von den Jüngeren ... keine Ehrenbezeichnungen erwiesen werden ...«

Platon, Der Staat

Meinen Großmüttern gewidmet

Ich, die Sozialschmarotzerin

Gestatten Sie, dass ich mich vorstelle? Ich bin eine »Sozialschmarotzerin«. Meine Arbeitswoche hat in der Regel mehr als 40 Stunden. Fast die Hälfte meines Gehalts überlasse ich dem Staat an Steuern. Selbstredend füttere ich als angestellte Redakteurin Rentenkasse und Arbeitslosenversicherung. Die Pflegeversicherung kriegt von mir einen Extrazuschlag. Und als freiwilliges Mitglied der gesetzlichen Krankenversicherung zahle ich Monat für Monat ein paar hundert Euro. Klar, als Privatpatientin würde ich viel Geld sparen. Aber ein Wechsel kommt für mich nicht infrage. Warum nicht? Ich bin eine Anhängerin des Solidarprinzips.

Als ich 20 war, lebte ich ein Jahr lang in den USA. Ich kann mich noch gut an eine Anzeigenkampagne erinnern. Sie zeigte das Foto eines Mannes, der als »Farmer« vorgestellt wurde. Seine Tochter sei schwer krank, verriet der Text. Die Behandlung koste über 100 000 Dollar. Ob es ein Spendenaufruf oder eine Werbeanzeige für die »Health Insurance« war, die in den USA erst viele Jahre später, nämlich 2010 durch »Obamacare«, für jeden Amerikaner bezahlbar wurde, und die der neue Präsident Trump jetzt wieder abschaffen will, weiß ich nicht mehr.

Damals ist mir das erste Mal bewusst geworden, wie großartig die gesetzliche Krankenversicherung in Deutschland ist. Nun zahle ich auch dafür, dass Kinder über ihre Eltern mitversichert sind. Und zwar gerne. Aus voller Überzeugung.

Ich hatte bislang auch das große Glück, nicht einen Tag meines nun schon über ein halbes Jahrhundert währenden Lebens auf staatliche Leistungen angewiesen zu sein. Keinen Cent Arbeitslosengeld, Wohngeld, geschweige denn Sozialhilfe oder Hartz IV, wie es heute heißt. Nicht mal in die Bafögkasse habe ich gegriffen. Meine Eltern waren so freundlich, mir Monat für Monat einen Betrag zu überweisen, der Miete, Fahrkarte und Lebensmittel deckte. Meine Großmutter zahlte die Krankenkasse. Das Taschengeld verdiente ich mir als freie Mitarbeiterin bei einer Lokalzeitung. Für 30 Pfennig pro Zeile schrieb ich über Feuerwehrbälle, Schützenfeste und Kaninchenzüchter.

Noch was? Ach ja, mein Bundeszentralregisterauszug ist rein wie mein Gewissen. Nie habe ich mir etwas zuschulden kommen lassen. Okay zugegeben, Auto gefahren wie Frau Käßmann bin ich auch schon. Und als mich zwei Polizisten anhielten, meine Alkoholfahne aber nicht rochen, freute ich mich still und fuhr weiter. Stolz bin ich auf diese kleine Begebenheit nicht. Ist auch schon über 30 Jahre her. Aber wenn ich hier schon reinen Tisch mache, will ich auch das erwähnen.

Inzwischen fahre ich Bahn, kaufe möglichst Bio. Gott, was für eine Streberin, denken Sie jetzt vielleicht. Doch da täuschen Sie sich gewaltig. Die Leute beschimpfen mich als »egoistisch«, »karrieregeil«, »nicht normal«, »schamlos«, »asozial«, »gefühllos«, um nur einige Adjektive zu nennen. Dass ich brav meine Steuern zahle und mich an Gesetze halte, reicht nicht. Es gibt Leute, die mir elementare Rechte streitig machen wollen. Mich zur Wählerin zweiter Klasse degradieren. Und vom Arbeitsmarkt verdrängen. Mir die Rente kürzen. Oder am besten gleich ganz streichen. Warum?

Weil ich dem Land kein Kind geschenkt habe.

Warum ich keine Kinder bekommen habe

Ich bin eine typische Kinderlose. 1965 in Westdeutschland geboren. Mein Ausbildungsweg war lang. Etwa 20 Prozent der Frauen, die zwischen 1959 und 1968 geboren und gut ausgebildet sind, haben keine Kinder. Frauen wie ich haben, ohne es zu wollen, einen stillen Gebärstreik angezettelt.

Warum ich nicht Mutter geworden bin? Die Antwort ist, auch wenn ich mir selbst lange nicht darüber im Klaren war, schlicht: Ich habe mich nicht getraut.

Dabei stand für mich lange außer Frage, dass ich einmal Kinder haben würde. Als ich in den 20ern war, lebte ich mit einem Mann zusammen. Natürlich sprachen wir über Kinder. Wir stellten uns nicht die Frage, ob wir Eltern werden würden, sondern nur, wie viele Kinder wir haben wollten.

Als meine Freundin ihre erste Tochter gebar, fuhren wir ins Krankenhaus, um sie zu besuchen. Und waren so angetan von dem Baby, das uns mit großen Augen anstrahlte, dass wir auf dem Rückweg überlegten, wie viele Kinder wir haben wollten. Ein Kind? Irgendwie zu wenig. Zwei? Langweilig. Drei? Ja, drei. Abgemacht, drei Kinder. Wann sollen wir loslegen? Jetzt gleich? Nun mal langsam …

Erstmal ging das Studium vor. Damals war ich fest davon überzeugt, dass es eine Katastrophe sei, in der Ausbildung schwanger zu werden. Heute weiß ich, dass es vermutlich keinen besseren Zeitpunkt gibt, Mutter zu werden als im Studium. Man kann so lange unterbrechen, wie man will, ohne befürchten zu müssen, rauszufliegen.

Doch als ich mit dem Studium fertig war, verließ mich der Mann, mit dem ich drei Kinder geplant hatte. Aber ich hätte sowieso noch keine Zeit fürs Kinderkriegen gehabt. Ich war inzwischen 29 und volontierte bei einer Tageszeitung, raste tagsüber von Termin zu Termin. Einer meiner Mitvolontäre wurde Vater. Er arbeitete weiter, als sei nichts geschehen. Seine Freundin kümmerte sich um das Kind. Die Großeltern halfen, wenn ich es recht erinnere. Wenn ich als Volontärin Mutter geworden wäre, hätte ich pausieren müssen.

Mit 30 wurde ich Redakteurin. Davon abgesehen, dass mir nun der Mann zum Kinderkriegen fehlte, hätte ich keine Familie ernähren können. Bei der *taz* arbeitete ich viel, verdiente aber wenig.

Mit 34 ging ich zum *Stern*. Von dem Gehalt hätte man durchaus ein Kind ernähren können. Allerdings hatte ich nur einen Jahresvertrag. Fairerweise sei erwähnt, dass meine Chefs damals in Serie Frauen im gebärfähigen Alter einstellten, ohne dass ihnen die Frage nach unserer Familienplanung über die Lippen gekommen wäre. Auch mein Vertrag wurde entfristet. Nun hätte ich loslegen können. Doch es war immer noch kein Mann in Sicht, jedenfalls keiner, mit dem ich Kinder in die Welt hätte setzen wollen.

Als ich meinen Mann traf, war ich 36. Kinder?! Wir brauchten erstmal Zeit, um uns kennenzulernen, zogen zusammen, beschlossen, ein paar Jahre später zu heiraten. Für Kinder war es jetzt zu spät. Halt … War es das wirklich?

Wenn ich ganz, ganz ehrlich bin: Mich hatte zu dieser Zeit schon lange der Mut verlassen, mich zu vervielfältigen. Diese Unbefangenheit, die mich mit Anfang 20 hatte sagen lassen: »Wir kriegen drei Kinder«, war mir abhanden gekommen. Inzwischen hatte ich zu viel gesehen und gehört. Oder böse formuliert: Ich hatte den Braten gerochen. Wusste aus vielen Erzählungen von Frauen, dass es nicht leicht ist, Familie und Beruf unter einen Hut zu kriegen. Kannte zu viele Alleinerziehende, bekam mit, wie schwer sie es hatten, ihren Alltag zu organisieren. Darunter waren gut ausgebildete Frauen, die zum Sozialamt mussten, weil die Väter keinen Unterhalt zahlten. Ich sah Frauen, die den beruflichen Anschluss verloren, hatte keine Ahnung, wie ich – ohne Großeltern in der Nähe – meinen Beruf als Journalistin mit Mann und Kind hätte organisieren sollen. Sicher hätte ich meine Arbeitszeit reduzieren oder pausieren können. Aber ich hatte Angst auszusteigen. Wollte nicht den Anschluss verlieren, musste meine Planstelle bewachen. Außerdem hätte eine Pause weniger Geld, Sicherheit und irgendwann auch weniger Rente bedeutet.

Die Freundin, die ich damals nach der Geburt ihrer ersten Tochter im Krankenhaus besucht hatte, hat noch drei Kinder bekommen. Das Letzte, eine kleine Nachzüglerin, mit 44. Mit ihrem Mann hatte sie sich auf das klassische Rollenmodell geeinigt: Sie versorgte zu Hause die Kinder, während er den Lebensunterhalt für die Familie verdiente.

Fast jede dritte Familie lebt in Deutschland so. Nicht, weil sie es will, sondern weil es nicht anders geht. Wer das nicht glaubt, sollte das Buch *Vereinbarkeit?* von Susanne Garsoffky und Britta Sembach lesen. »Die Vereinbarkeit von Beruf und Familie gibt es nicht!«, schreiben sie. Und setzen – vermutlich sehr bewusst – ein Ausrufezeichen hinter diesen Satz. Denn immer mehr Mütter brechen unter der Last, Familie und Beruf vereinbaren zu wollen, zusammen.

Wie, bitte schön, hätte meine Freundin mit vier Kindern arbeiten sollen? Schon der Alltag einer sechsköpfigen Familie, den sie organisiert hat, war kein Spaziergang.

Ihr Mann hat sie im Übrigen gerade verlassen. Wegen einer Jüngeren. Kurz vor der Silberhochzeit, nach fast 25 Jahren Ehe. Die drei älteren Kinder sind schon aus dem Haus, studieren allesamt. Nur die kleine Nachzüglerin, inzwischen 13 Jahre alt, lebt noch zu Hause. Meine Freundin steht nun alleine da. Mit Kind. Und muss unter Umständen arbeiten gehen, weil ihre Tochter älter als drei Jahre ist. So will es das neue Unterhaltsrecht, auf das sich die Große Koalition von CDU und SPD geeinigt hat und das

2008 in Kraft getreten ist. Anspruch auf nachehelichen Unterhalt gibt es für Frauen, die ihre Kinder betreuen, in der Regel nur, bis das jüngste Kind drei Jahre alt ist. Danach wird die Unterhaltsfrage zur Ermessensentscheidung des Gerichts.

Mit dieser Gesetzesreform sollte die »nacheheliche Eigenverantwortung« gestärkt werden. Das heißt nichts anderes, als dass Frauen sich einen Job suchen müssen. Egal, wie schwer das nach einer mehrjährigen Familienpause ist. Vor der »Reform« mussten Frauen nicht arbeiten, bis ihr jüngstes Kind acht Jahre alt war. Danach wurde ihnen zugemutet, sich eine Teilzeitstelle zu suchen. Und erst wenn das jüngste Kind 15 war, mussten sie wieder Vollzeit arbeiten.

Wie soll meine Freundin nun, mit Ende 50, eine Stelle finden? Sie bekommt jetzt die Quittung dafür, dass sie Kinder gekriegt und ihren Job an den Nagel gehängt hat.

Und erst neulich erzählte mir eine Frau, dass sie ein Kind erwarten würde. Die traut sich was, dachte ich spontan und rief mich innerlich sofort zur Ordnung. Wieso denkst du so negativ, tadelte ich mich. Sie bekommt ein Kind, das ist doch was Schönes. Wenig später erzählte mir die Frau, dass ihre Abteilung geschlossen worden sei. Nach der Elternzeit wird ihre Firma ihr kündigen. Sie ist dann arbeitslos.

Politiker und Politikerinnen in diesem Land wollen, dass Frauen mehr Kinder kriegen. Doch wehe, Frauen lassen sich darauf ein. Überall lauern Fallen, die zuschnappen können: Die Elternzeitfalle, die Frauen, wenn es schlecht läuft, aus dem Job katapultiert. Die Teilzeitfalle, die zuschnappt, wenn Frauen ihre Stundenzahl nicht wieder aufstocken können, weil die Chefs nicht mitspielen. Die Armutsfalle, wenn sie ihr Kind alleine durchbringen müssen. Alle zusammen werden sie zur Rentenfalle, daran wird auch die Mütterrente nichts ändern. Wenn sie erstmal Kinder haben, lässt die Politik Frauen im Stich. Vater Staat verrät seine Töchter. Denn anders als für Männer ist das Kinderkriegen für Frauen in diesem Land ein Hochrisiko-Geschäft. Frauen vor diesem Hintergrund vorzuhalten, dass sie sich gegen Nachwuchs entscheiden, ist gelinde gesagt eine Unverschämtheit.

Ich will dieses Buch als feministischen Aufschrei verstanden wissen. Denn was im Eifer der Debatte aus dem Blick gerät: Die Kritik an Kinderlosen ist eine zutiefst frauenfeindliche Debatte. Es sind nunmal die Frauen, die Kinder gebären. Und sie zahlen in diesem Land die Zeche dafür. »Kinder sind in Deutschland nach wie vor ein Risiko fürs Berufsleben von Frauen«, schreibt Jutta Allmendinger, eine der bekanntesten Soziologinnen Deutschlands, in ihrem Buch *Verschenkte Potenziale? Lebensverläufe nicht erwerbstätiger Frauen.*

Ich werde in diesem Buch Frauen und Männer sprechen lassen, Kinderlose, Mütter, einen Vater. Ihre Geschichten zeigen, wie schwer es in diesem Land ist, Kinder zu haben. Und welchen Anfeindungen man ausgesetzt ist, wenn man keine hat.

In diesem Buch wird kein Satz stehen, der sich gegen Mütter, Väter oder gegen Kinder richtet. Mütter und Väter haben Respekt verdient. Sie arbeiten mehr als Kinderlose. Pro Woche mehr als zehn Stunden, wie das Statistische Bundesamt ausgerechnet hat. Viele meiner Freundinnen haben Kinder, ihr Leben ist entbehrungsreicher und anstrengender. Aber auch mir liegt als kinderlose, berufstätige Frau, anders als die Journalistin und vierfache Mutter Birgit Kelle im *Focus* schreibt, nicht »die Welt zu Füßen«. Ich arbeite für mein Geld, bin viel unterwegs. Mein Gehalt ist gut. Kein Grund zur Klage. Und trotzdem: Große Sprünge kann ich mir auch nicht erlauben. Mal einen schönen Urlaub, okay. Aber eine Eigentumswohnung? Schulden machen? Und dann vielleicht den Job verlieren? Nein, danke.

Ob ich bereuen würde, keine Kinder geboren zu haben, werde ich manchmal gefragt. Ehrliche Antwort: Manchmal ja.

Neue Sündenböcke braucht das Land

Kinderlose sind die neuen Sündenböcke der Nation. »Zwar leistet sich Deutschland heute schwule Außenminister und Bürgermeister sowie eine kinderlose Kanzlerin, doch wehe, man bekennt sich offen zum vorsätzlichen Leben ohne Kind. Es kommt dem Bruch eines ungeschriebenen Gesetzes gleich. Das lautet bis heute: Nur wer Kinder in die Welt setzt, lebt wirklich im Einklang mit den Werten der Gesellschaft«, schreibt mein Kollege Mathias Schneider im *Stern*. »Kinderlosigkeit hat in unserer Gesellschaft den Rang eines unentschuldbaren Makels, eines Versagens«, bringt die *taz* es auf den Punkt. Und die Schriftstellerin Tanja Dückers klagt in der *Zeit*: »Dass Kinderlose heute gesellschaftlich mehr geächtet werden als noch vor dreißig Jahren, ist beschämend für eine angeblich offene, tolerante Gesellschaft.«

Politiker, Wissenschaftler, Juristen, ja selbst Ärzte hacken auf Kinderlosen herum. Nicht mal die angeblich so barmherzigen Kirchen bringen Verständnis für Kinderlose auf. »Wer keine Kinder bekommt, ist egoistisch«, sagt der Papst. »Eine Gesellschaft mit einer erfolgsorientierten Generation, die sich selbst nicht mit Kindern umgeben will und für die Kinder vor allem etwas Störendes, eine Belastung, ein Risiko darstellen – das ist eine deprimierte Gesellschaft.« Familien mit drei Kindern sind nach Vorstellungen des Papstes optimal.

Der Papst selbst hat keine Kinder. Früher soll es Heilige Väter gegeben haben, die echte Papas waren. Papst Hormisdas (514–523) war Vater eines Sohnes. Papst Hadrian II. (867–872) hatte eine Tochter. Die katholische Kirche war offenbar lockerer drauf. Bis in neunte Jahrhundert gab es sogar Kinder von Priestern, die Päpste wurden. Heutzutage erlaubt die katholische Kirche ihren Priestern nicht mal mehr, sich offiziell zu ihren unehelichen Kindern zu bekennen. Und wer es tut, fliegt raus.

Was die katholische Kirche diesen Kindern antut, kann man in dem Buch *Sag keinem, wer dein Vater ist* von Karin Jäckel nachlesen. Die Journalistin hat das Schicksal von Priesterkindern aufgearbeitet. »Wir haben uns geschämt, dass unser Vater ein Priester ist. Ein Priester hat doch keine Frau und keine Kinder. Das ist Sünde. Und wir sind jetzt der Beweis«, erzählen Betroffene. »Kinder, die mit Angst und Lügen aufwachsen – so belegen die erschütternden Zeugnisse und Berichte dieses Buches – haben keine Kindheit«, schreibt die Autorin. Aber Papst Franziskus findet ja auch nichts dabei, Kinder zu schlagen.

Kürzlich hat der Papst behauptet: »Die Ehe ist die schönste Sache, die Gott geschaffen hat.« Die Ehe wird allerdings schon im Codex Ur-Nammu und dem Codex Hammurapi – also in den ältesten Gesetzestexten der Welt – erwähnt. Spricht eher dafür, dass es Menschen waren, die da einen gewissen Regelungsbedarf zwischen (damals noch) Mann und Frau sahen.

Aber wenn der Papst so überzeugt davon ist, dass es Gott war, der die Ehe erfunden hat, soll er seine Priester doch endlich heiraten lassen und den Zölibat aufheben.

Die katholische Kirche selbst ist eine deprimierte Gesellschaft. Und sie ist scheinheilig, wie es in der Bibel steht: »Auf dem Stuhl des Mose sitzen die Schriftgelehrten und Pharisäer … Sie binden schwere und unerträgliche Bürden und legen sie den Menschen auf die Schultern; aber sie selbst wollen keinen Finger dafür krümmen.«

Auch die Evangelische Kirche in Deutschland (EKD) hält »Ehe und Familie« für »gute Gaben Gottes«. In der familienpolitischen Stellungnahme auf der Internetseite der EKD liest man Sätze wie: »Gesellschaften sind zu ihrem Überleben, aber auch zu ihrer

weiteren Entwicklung auf die Geburt von Kindern angewiesen.«
Und: »Auch unsere sozialen Sicherungssysteme sind auf Familien
angewiesen.«

Diese Formulierungen waren einigen Pfarrern offenbar zu
lasch. »Ein Menschenrecht auf kostenlose, gewollte Kinderlosigkeit kann es nicht geben«, schrieb der emeritierte Theologiepro-
fessor Klaus Meyer zu Uptrup 2014 im *Pfarrersblatt*. Entweder
ihr seid fruchtbar und mehret euch. Oder ihr müsst zahlen. Eine
Art moderner Ablasshandel also. Meyer zu Uptrup, Jahrgang 34,
schreibt ansonsten Bücher über die »Zeit mit Gott« und organisiert Veranstaltungen zum Thema »Das Schicksal der Geschöpfe,
Tiere erzählen, was im Paradies geschah …«.

Wie seine Kirche glaubt der Theologe, dass die Sozialversicherungen auf Kinder angewiesen sind. Und zusammenbrechen,
wenn das so weitergeht mit unserer Gebärunlust. »Seit rund
40 Jahren bleibt ein Drittel der Bevölkerung zeitlebens kinderlos und zerstört damit ein ausgewogenes Generationenverhält-
nis, wie es für das Funktionieren unserer Sozialsysteme (Renten,
Pflegeversicherung, Krankenkassen …) Voraussetzung ist«, grollt
er. »Das kinderlose Drittel unserer Bevölkerung hat den Generationenvertrag ›aufgekündigt‹ und schiebt die ›Vertragsstrafe‹ ab
auf die Altersgenossen, die Eltern geworden sind …«

Fairerweise sei erwähnt, dass der Autor Widerspruch aus den
eigenen Reihen erntete: »Dieses Vokabular dient nicht dem Frieden zwischen unterschiedlichen Lebensformen, sondern kommt
einer Kriegserklärung nahe«, schrieb eine Pastorin. Trotzdem
steht der Artikel inzwischen für alle Welt nachlesbar im Netz auf
der Internetseite des Pfarrerverbandes, in dem rund 20 000 Pfarrer und Pfarrerinnen organisiert sind.

Wir Kinderlosen zerstören also den Generationenvertrag, weil
wir keine neuen Beitragszahler gezeugt und geboren haben.

Nun muss man wissen, dass längst nicht alle Kirchenmit-
arbeiter, also auch Pfarrer und Priester, den Generationenvertrag
stützen und in die Rentenversicherung einzahlen. »Satzungs-

mäßige Mitglieder geistlicher Genossenschaften«, also Mönche, Diakonissen und andere Ordensmitglieder, sind von der Pflicht, in die gesetzliche Rentenversicherung einzuzahlen, befreit.

Und man muss wissen, dass die Kirchen sich die Gehälter ihrer Bischöfe, Priester und Vikare vom Steuerzahler spendieren lassen. Ja, richtig gelesen, die Steuerzahler, selbst wenn sie keiner Konfession angehören, zahlen die Gehälter von Geistlichen.

Rund 500 Millionen Euro überweisen die Bundesländer (abgesehen von den Stadtstaaten Hamburg und Bremen) jedes Jahr an die Kirchen. Keine Kirchensteuer, wohlgemerkt, sondern sogenannte »Staatsleistungen« aus dem Steuersäckel. Also Geld, das die arbeitende Bevölkerung in diesem Land erwirtschaftet hat. Warum? Nun ja, der Staat leistet mit dieser halben Milliarde Abbitte dafür, dass die Kirchen im 18. und 19. Jahrhundert enteignet wurden. Angeblich wurde ihnen dafür Schadensersatz zugesichert. Kirchenkritiker halten Letzteres für eine Legende. Doch selbst wenn es so gewesen sein sollte, wäre diese Schadensersatzforderung inzwischen über 200 Jahre alt. Nach dem Bürgerlichen Gesetzbuch verjähren Forderungen in der Regel nach drei Jahren. Vollstreckungstitel, mit denen Forderungen eingetrieben werden können, sind 30 Jahre gültig. Und in der Bibel ist gar die Rede davon, dass Schulden alle sieben Jahre erlassen werden sollen: »Jeder Gläubiger soll den Teil seines Vermögens, den er einem andern … als Darlehen gegeben hat, brachliegen lassen.«

Aber die Kirchen beharren auf »ihrer« Kohle. Und die Steuerzahler blechen 500 Millionen Euro pro Jahr für diese merkwürdige Wiedergutmachung. Zum Vergleich: 800 Millionen Euro will das Bundeskabinett von 2017 bis 2019 in den sozialen Wohnungsbau stecken. Wenn wir den Kirchen nicht das Geld überweisen müssten, hätte der Finanzminister schon einen schönen Batzen für den sozialen Wohnungsbau zusammen. Klar, es sind die Länder, die den Kirchen Staatsleistungen überweisen, nicht der Bund, trotzdem taugt der Vergleich, um hier einmal die Dimensionen klarzumachen.

16,8 Milliarden Euro haben die Länder den Kirchen seit der Gründung der Bundesrepublik als Wiedergutmachung für die Enteignungen überwiesen. So hat es der Verwaltungsjurist Johann Albrecht Haupt ausgerechnet. »Die historische Begründung für die Staatsleistung wirkt, nahezu zweihundert Jahre nach der Säkularisation, anachronistisch«, schreibt er in einem Aufsatz über die Trennung von Staat und Kirche. »Kriege und Vertreibungen haben gerade in den letzten zwei Jahrhunderten Hunderttausenden von Menschen und vielen Institutionen wiederholt die Existenzgrundlage geraubt, ohne dass der Staat in vergleichbarer Fürsorge den Betroffenen mit ›Staatsleistungen‹ auf Dauer zur Seite gestanden hätte. Die Kirchen, die ... ohnehin zu den reichsten Institutionen in Deutschland gehören, bedürfen der Staatsleistungen am allerwenigsten.« Recht hat er.

Doch die Kirchen kassieren das Geld ungerührt, selbst wenn im Land der Rotstift regiert und bei Arbeitslosen und Hartz-IV-Empfängern gespart wird. »Eine staatliche Mega-Rente für die Kirche«, spottet mein Kollege Lutz Kinkel auf *stern.de*. Aber die Kirchen handeln ganz im Sinne der Bibel: »Hastig errafftes Gut zerrinnt; wer aber ruhig sammelt, bekommt immer mehr.«

Dass der Staat den Geldhahn zudreht, ist unwahrscheinlich. Die Politik traut sich an das Thema nicht heran. Obwohl die Abschaffung dieser Pseudo-Schuld sogar im Grundgesetz steht. Aber die Kirche ist eine Hausmacht im Lande, mit der man sich nicht anlegt – Verfassungsauftrag hin oder her. Eine Initiative der Linken, die Staatsleistungen abzuschaffen, scheiterte. Der Bund schiebt den Ländern den schwarzen Peter zu: »Die Bundesregierung sieht ... keinen Anlass, die Initiative zu einer Ablösung der Staatsleistungen zu ergreifen. Der Bund selbst ist nicht Schuldner der Staatsleistungen. Den Ländern als Träger der Staatsleistungen steht es dagegen frei, einvernehmlich mit den Kirchen die Staatsleistungen zu verändern und neue Rechtsgrundlagen zu schaffen«, liest man in der Antwort der Bundesregierung auf eine kleine Anfrage der Linken.

»Irgendwie leben ja auch alle halbwegs gut damit, wenn es so weitergeht. Bis auf den Steuerzahler«, schreibt Kollege Kinkel sarkastisch auf *stern.de*. Dass uns die Kirche unsere Schuld finanziell vergibt und erlässt, ist nicht zu erwarten. So zahlen wir bis in alle Ewigkeit.

Und wir zahlen nicht nur diese Staatsleistungen an die Kirchen. Auch steckt Vater Staat den Kirchen großzügig Steuergeld zu. Wie spendabel er ist, kann man im *Violettbuch Kirchenfinanzen* von Carsten Frerk nachlesen. 2015 nahmen die Kirchen über elf Milliarden Euro Kirchensteuer ein. Ein Rekord. Das Geld sei den Kirchen gegönnt, schließlich drücken die Gläubigen es freiwillig ab. Doch der deutsche Staat spielt für die Kirchen den Kassierer. Die Finanzämter treiben die Kirchensteuer ein. Wir sind – der Säkularisierung zum Trotz – kein säkularer Staat. Auch die Arbeitgeber, also zum großen Teil private Unternehmen, müssen den Kirchen zur Hand gehen, die Kirchensteuer ausrechnen und ans Finanzamt überweisen. Diesen Service verdanken die Kirchen übrigens den Nazis, die die Arbeitgeber ab 1935 dazu verpflichteten. Der Staat verzichtet zugunsten der Kirchen auf bares Geld, weil man die Kirchensteuer von der Einkommensteuer abziehen kann. Alles in allem schlagen diese Vorzüge, die der Staat den Kirchen einräumt, für den Steuerzahler nach Frerks Berechnungen mit insgesamt fünf Milliarden Euro pro Jahr zu Buche.

Mit dem Geld könnte Bildungsministerin Johanna Wanka (CDU) neue Computer für die Schulen kaufen. Fünf Milliarden Euro ist genau die Summe, die Frau Wanka in die Digitalisierung von Schulen stecken will.

Auch sonst greift Vater Staat den Kirchen mit unserem Steuergeld großzügig unter die Arme. Etwa 19 Milliarden Euro überweist der Staat laut Frerk den Kirchen pro Jahr. Zusätzlich zur Kirchensteuer. Steuerzahler sanieren mit ihrem Geld Kirchen und Pfarrhäuser für rund 100 Millionen Euro im Jahr, selbst wenn sie Heiden sind. Wir finanzieren den kirchlichen Nachwuchs. Etwa 500 Millionen steckt Vater Staat in die theologischen Fakultäten der Unis –

obwohl Theologie gar keine Wissenschaft, sondern Glaubenssache ist. »Eine Theologie, die sich den wissenschaftlichen Fakten ehrlich stellen würde, müsste sich eigentlich wegen hinreichend belegter Gegenstandslosigkeit selbst auflösen«, schreibt der promovierte Theologe Heinz-Werner Kubitza (»Der Jesuswahn«).

Fast vier Milliarden Steuergelder fließen in christliche Kindergärten, liest man bei Frerk. Die Kirchen würden ihre Kindertagesstätten »nur zum allergeringsten Anteil selbst finanzieren«. Wir zahlen also dafür, dass schon die Kleinen im Kindergarten beten lernen und die Kindergärtnerinnen ihnen vom lieben Gott erzählen – alles in der Hoffnung, dass die Kleinen eines Tages zu braven Kirchensteuerzahlern heranwachsen. Sogar bei den über sechs Millionen Minijobbern im Land halten die Kirchen mit einer pauschalen Steuer die Hand auf. Rund 17 Millionen knüpfen sie den Geringverdienern laut Frerk ab. Heißt es in der Bibel nicht: »Wehe dem, der sein Gut mehret mit fremdem Gut!«

Aber die Kirchen tun doch so viel Gutes. »Wer die Kirche unterstützt, übt Solidarität mit den Schwachen und Benachteiligten«, rühmt sich die EKD auf ihrer Internetseite. Ja, aber auch viele dieser guten Taten zahlt in Wirklichkeit der Steuerzahler. Schätzungsweise zahlen die Kirchen, so die *FAZ*, »allenfalls fünf Prozent« ihrer Wohltaten aus eigener Tasche.

19 Milliarden aus der Steuerkasse an die Kirchen – eine schöne Stange Geld. Von dem Geld könnten wir locker die Mütterrente finanzieren. Deren Aufstockung soll jährlich 6,7 Milliarden Euro kosten. Also: Kürzen wir den Kirchen das Geld, geben wir es den Müttern.

Auch die Kosten für die Zuwanderung könnte der Staat von diesem Geld berappen. Und die Bekämpfung von Fluchtursachen gleich mit. Für diese beiden Posten hat die Bundesregierung genau 19 Milliarden im Haushalt veranschlagt.

Wenn wir den Kirchen die Milliarden streichen würden, könnten die Bildungsminister auch endlich anfangen, Deutschlands

Schulen zu sanieren. 34 Milliarden Euro, so schätzt das Deutsche Institut für Urbanistik, würde es kosten, kaputte Heizungen, versiffte Toiletten, marode Turnhallen, einsturzgefährdete Dächer und undichte Fenster in Deutschlands Schulen zu reparieren. Gerade mal 2,8 Milliarden gaben die Flächenländer (die Stadtstaaten Hamburg, Berlin und Bremen ausgenommen) 2015 für die Sanierung von Schulen aus. Kinder sind, so ist auf der Internetseite der EKD zu lesen, »ein köstlicher Schatz«. Warum lassen wir zu, dass unsere köstlichen Schätze in heruntergekommenen Klassenzimmern hocken, während sich Bischöfe von unserem Steuergeld Protzbauten leisten?

Nur zwei Drittel aller Steuerzahler sind Mitglieder einer christlichen Kirche, aber alle werden zur Kasse gebeten. Von »systemisch bedingter Ausbeutung des Steuerzahlers« schreibt der Münchener Theologe Friedrich Wilhelm Graf. Man kann es auch drastischer formulieren: Die Kirchen laben sich wie Vampire am Steuerzahler. Oder Jesus zitieren: »Weh' euch, ihr Heuchler, die ihr die Becher und Schüsseln außen reinigt, innen aber sind sie voller Raub und Gier!«

Ich will hier gar nicht davon anfangen, dass sowohl katholische als auch evangelische Pfarrer Kinder, die ihnen anvertraut waren, im großen Stil sexuell missbraucht haben. Und dass die Kirchen mit ihrem selbst gestrickten Arbeitsrecht die Grundrechte ihrer Mitarbeiter mit Füßen treten. Oder von den Millionen, die Ex-Bischof Franz-Peter Tebartz-van Elst für seinen Protzbau in Limburg verprasst hat.

Ich bin ein Fan guter Taten, auch von denen der Kirche. Dass sie Geld aus dem Steuersäckel bekommen, könnte ich vielleicht noch verschmerzen, wenn auch nicht in dieser Höhe. Aber ich lasse mir von solchen Leuten nicht sagen, dass ich »kein kostenloses Menschenrecht auf gewollte Kinderlosigkeit« habe. Menschenrechte sind unveräußerlich. So steht es im Grundgesetz: »Das Deutsche Volk bekennt sich darum zu unverletzlichen und unveräußerlichen Menschenrechten als Grundlage jeder menschlichen Gemeinschaft, des Friedens und der Gerechtigkeit in der Welt.« Artikel 1, Absatz 2.

Und dass Menschenrechte für alle gelten, und zwar ohne Gegenleistung, sollten gerade Theologen eigentlich wissen.

Keine Kinder zu haben, ist ein Menschenrecht, das 1968 auf der Menschenrechtskonferenz der Vereinten Nationen (UN) in Teheran festgeschrieben worden ist: »Eltern haben ein grundlegendes Menschenrecht, frei und selbstverantwortlich über Zahl und zeitliche Planung ihrer Kinder zu entscheiden, sowie ein Recht, darüber eine angemessene Erziehung und Information zu erhalten.« So steht es in Artikel 16 der Abschlussproklamation. Es ging in der Debatte damals zwar mehr um Entwicklungsländer und um den fehlenden Zugang zu Verhütungsmitteln, trotzdem gilt der Passus noch heute. Menschen haben das Recht, selbst zu bestimmen, ob und wie viele Kinder sie kriegen. Familienplanung ist Privatsache und die Entscheidung, keine Kinder zu bekommen, macht mit Blick auf die drohende Weltübervölkerung vielleicht sogar Sinn.

Die Welthungerhilfe geht davon aus, dass alle zehn Sekunden auf der Welt ein Kind an Mangel- oder Unterernährung stirbt. Aber die Kirche will mehr Kinder. Was sie mit dieser Art von »Bevölkerungspolitik« anrichtet, kann man sich unter anderem auf den Philippinen ansehen. Die Regierung will Verhütungsmittel für seine Bürger und Bürgerinnen, um die Armut zu bekämpfen. Die katholische Kirche stemmt sich mit aller Macht dagegen. Mehr als 100 Millionen Menschen lebten 2014 auf den Philippinen. 1998 waren es rund 73 Millionen. 27 Millionen mehr Menschen innerhalb von 16 Jahren. 50 Millionen Menschen gelten als arm. 80 Prozent sind Kinder. UNICEF zählt die Philippinen zu den zehn Ländern weltweit, in denen die meisten unterernährten Kinder unter fünf Jahren leben. Warum kriegen die Leute dort so viele Kinder? Sie haben verinnerlicht, was die katholische Kirche dort seit Jahrhunderten predigt: Kinder seien ein »Geschenk Gottes«. Deshalb gilt in der Bevölkerung, die zu über 80 Prozent katholisch ist, nur als richtiger Mann, wer möglichst viele Kinder gezeugt hat. Und als richtige Frau, wer möglichst viele Kinder geboren hat.

Noch bei seinem Besuch 2015 auf den Philippinen wetterte Papst Franziskus gegen Kondome und Pille. »Manche Menschen glauben, dass sich gute Katholiken wie Karnickel vermehren müssen«, sagte der Papst auf seiner Rückreise zu Journalisten. Das sei falsch. Auch katholische Eltern könnten die Zahl ihrer Kinder durchaus planen. Durch »verantwortungsbewusste Elternschaft«. Der Papst führte allerdings nicht näher aus, was er damit meinte. Enthaltsamkeit vielleicht?

Aber nun zu den Fallen, in die Frauen tappen können, wenn sie in diesem Land Kinder bekommen.

Kind da. Job weg –
die Elternzeitfalle

»Wir sind immer ehrlich, hanseatisch«, sagte der Chef einer norddeutschen Modefirma zu Beginn des Gespräches mit seiner Chefdesignerin Anna Ney. Die 37-Jährige wollte nach der Elternzeit in ihren Job zurückkehren. An der Rechtslage gab es nichts zu deuteln: Mütter haben nach der Elternzeit das Recht auf eine gleichwertige Stelle. Natürlich wisse er, dass sie »ein Anrecht auf ihren alten Arbeitsplatz« habe, druckste der Chef herum. Die »Position« sei allerdings »besetzt«. Man könne zwar eine neue Stelle für sie »kreieren«, sprang der Personalsachbearbeiter dem Firmenchef bei. Aber das, was Anna Ney »vorher hauptsächlich gemacht« habe, »wäre dann in der Form nicht mehr zu machen«, formulierte er umständlich und kam auf »unternehmerische Belange« und »Belange des Arbeitnehmers« zu sprechen.

Auf dem Tonband, das Anna Ney in ihrer Handtasche mitlaufen ließ, ist eine Pause zu hören. »Sie hatten mir ja bei unserem ersten Gespräch schon nahegelegt, dass ich mich woanders bewerben soll«, sagte Anna Ney mit belegter Stimme. »Ja«, bestätigte der Chef. »Aber warum soll ich das tun? Ich habe ja Arbeit. Warum sollte ich mich dann woanders bewerben?« Wieder ist die Stimme des Chefs zu hören: »Ich glaube, weil Sie hier vielleicht nicht mehr so glücklich werden, wenn sich die Art und Ihr Arbeitsfeld ändert.«

Der Mitschnitt, den ich 2010 auf *stern.de* veröffentlicht habe, hat Seltenheitswert. Er beweist, wie dreist Chefs Mütter aus ihren Jobs mobben. Und dass das Kinderkriegen für Frauen in Deutschland noch immer zum Existenzrisiko werden kann. Denn Anna Ney ist kein Einzelfall, wie die repräsentative Studie »Familie 2010« des Instituts für Demoskopie in Allensbach zeigt. 19 Prozent von rund 1 800 Frauen mussten sich nach der Elternzeit eine neue Stelle suchen. Mit anderen Worten: Fast jede fünfte Frau verlor ihre Arbeit, weil ihr Chef sie nach der Elternzeit nicht weiterbeschäftigen wollte. Oder soll man schreiben: weil sie rausgeekelt wurden.

Christine Lüders, Leiterin der Antidiskriminierungsstelle des Bundes, kennt das Problem. »Immer wieder erleben wir in den Beratungsstellen, dass Frauen mit Kindern diskriminiert werden. Das ist völlig inakzeptabel. Denn Deutschland kann es sich überhaupt nicht leisten, auf solche Potenziale zu verzichten.«

Anna Ney gehörte zu jenen Frauen mit Potenzial, denen Politiker das Kinderkriegen schmackhaft machen wollen. Sie studierte fünf Jahre lang in Deutschland und Frankreich Design, sammelte acht Jahre Berufserfahrung, bevor die norddeutsche Modefirma sie 2006 aus leitender Position abwarb. Ein verlockender Job, wie es schien. Die Firma ist renommiert, gibt sich nach außen sozial, spendet für Kinderhilfsprojekte. Auf der Suche nach neuen Trends flog die Designerin nach Paris, London und Mailand. Dass ihr Arbeitstag auch im Büro nicht selten zwölf Stunden dauerte und sie mitunter auch am Wochenende arbeiten musste, habe sie nie gestört. »Ich habe sehr gern gearbeitet, stand hinter der Firma und dem Produkt.«

Kinder waren für die Designerin lange Zeit kein Thema. Nicht nur wegen ihrer langen Arbeitszeiten. Auch die Vorstellung, nach der Geburt kein Geld zu verdienen, schreckte sie ab. Deshalb kam es ihr sehr gelegen, als die damalige Familienministerin Ursula von der Leyen (CDU) Anfang 2007 Elterngeld einführte, um gut verdienenden Karrierefrauen »Mut« zu machen, »sich auf das Wagnis Kind einzulassen«.

Als Anna Ney schwanger wurde, hätten ihr »die Kollegen im Personalbüro sogar noch gratuliert«, erinnert sie sich. Die Designerin vereinbarte schriftlich mit der Personalabteilung, dass sie ihre Arbeit nach 14 Monaten Mutterschutz und Elternzeit wieder aufnehmen würde. Um seiner Frau den Ganztagsjob zu ermöglichen, verlegte ihr Mann, der als Geschäftsführer in der Gastronomie tätig ist, seine Arbeitszeit in die Nachtstunden. Das Ehepaar war auf beide Gehälter angewiesen, hatte sich gerade eine Eigentumswohnung gekauft. Auf der Suche nach einem Krippenplatz klapperten die Eltern alle Kindertagesstätten an ihrem Wohnort ab. Zwar sollen Mütter möglichst nicht länger als zwölf Monate aussteigen, um den Anschluss im Job nicht zu verlieren, wie es das Bundesfamilienministerium rät. Doch einen Anspruch auf einen Kindergartenplatz hatten Mütter damals erst, wenn ihr Kind drei Jahre alt war. Inzwischen gilt der Rechtsanspruch für Einjährige. Allerdings ist Papier geduldig. Zwar verurteilte das Landgericht Leipzig die Stadt im Februar 2015, drei Müttern 15 000 Schadensersatz zu zahlen, weil sie keinen Kita-Platz gefunden hatten und nach der Elternzeit nicht arbeiten konnten. Doch das Oberlandesgericht Dresden hob das Urteil in der nächsten Instanz wieder auf. »Herber Rückschlag für Eltern«, titelte der *Tagesspiegel.* »Wie ein deutsches Gericht Eltern vor die Füße spuckt«, kommentierte die *Huffington Post.* Im Oktober 2015 hat der Bundesgerichtshof diese Entscheidungen revidiert: Die Richter sprachen Eltern, die keinen Betreuungsplatz finden und deshalb nicht arbeiten können, grundsätzlich Schadensersatz zu. Der Haken ist nur: Eltern müssen beweisen, dass ihre Kommune bei der Platzvergabe geschlampt, also fehlerhaft gearbeitet hat. Und das dürfte schwierig werden.

Als Anna Ney wieder arbeiten wollte, suchte sie Anfang 2010 mit ihrem Mann wochenlang einen Krippenplatz, den sie dann auch fanden. Dann aber schien sie für den Wiedereinstieg in den Beruf perfekt vorbereitet. Bis die Einladung zum persönlichen Gespräch kam.

Arglos fuhr die Designerin in die Firma. Doch statt die Details ihrer Rückkehr zu besprechen, hätten der Firmenchef und der

Personalsachbearbeiter – so notierte Anna Ney in ihrem Gedächtnisprotokoll – ihr schon bei diesem ersten Gespräch die Kündigung nahegelegt. Geistesgegenwärtig bat sie um Bedenkzeit, vereinbarte ein zweites Gespräch. Diesmal brachte sie ihren Anwalt mit und ließ in ihrer Handtasche das Tonband mitlaufen.

Eigentlich ist das Mitschneiden vertraulicher Gespräche strafbar. Es gibt jedoch Ausnahmen, wenn zum Beispiel ein strafrechtlich relevantes Verhalten bewiesen werden soll. Ein Chef, der seiner Angestellten droht, sie solle auf ihren Arbeitsplatz verzichten, weil sie sonst nicht mehr glücklich werde, macht sich unter Umständen einer versuchten Nötigung schuldig.

Nach dem Gespräch war selbst der Anwalt schockiert. »So eine Unverfrorenheit habe ich noch nie erlebt«, sagte er. »Die Herren haben meiner Mandantin ganz klar die Pistole auf die Brust gesetzt.«

Dennoch standen die Chancen, sich zu wehren, eher schlecht. Zwar hätte Anna Ney beim Arbeitsgericht Klage einreichen können. Doch so ein Verfahren kann Monate, wenn nicht gar Jahre dauern. Um eine einstweilige Verfügung gegen ihren Arbeitgeber zu erwirken, hätte die Mutter Eilbedürftigkeit nachweisen müssen und damit immer noch keine endgültige Entscheidung gehabt. Und selbst eine Klage nach dem neuen Antidiskriminierungsgesetz hätte ihr den Verlust der Arbeitsstelle nicht ersetzt, wie die Fälle anderer Frauen zeigen: 11 000 Euro sprach das Arbeitsgericht Wiesbaden Ende 2008 einer Frau zu, die von einer Versicherung nach der Geburt ihres Kindes auf eine andere, weniger lukrative Stelle versetzt worden war. Immerhin entschied das Gericht, dass die Klägerin einen Anspruch auf ihren alten Arbeitsplatz habe. Doch wer will schon zurück in die Firma, die er vorher verklagen musste? Und Diskriminierung zu beweisen, ist schwer.

Firmenchef und Personalleiter der Modefirma, die Anna Ney nach der Elternzeit um ihren Job geprellt hatten, ließen dem *Stern* damals über ihren Anwalt mitteilen, die »Vorwürfe« seien

»haltlos«. Sie hätten Anna Ney nach der Elternzeit vielmehr verschiedene Angebote unterbreitet, an ihren Arbeitsplatz zurückzukehren. Die Designerin habe allerdings »deutlich signalisiert, sich eine weitere Tätigkeit im Hause trotz verschiedenster Angebote nicht mehr vorstellen zu können«. Nur deshalb sei thematisiert worden, ob sie sich nicht woanders bewerben wolle.

Wäre da nicht das Tonband gewesen, hätte nun Aussage gegen Aussage gestanden.

Ihr Anwalt handelte für Anna Ney eine Abfindung von 25 000 Euro aus. Die Designerin wollte das Geld nutzen, um sich selbstständig zu machen. Wie sie inzwischen erfahren hatte, war der neue Chefdesigner ihrer alten Firma ein Mann. Verheiratet. Und kinderlos.

Was Anna Ney nach dem Jobverlust erlebte

Nachdem sie ihre Stelle verloren hatte, führte Anna Neys erster Weg zur Bank. Sie musste ihre Eigentumswohnung verkaufen. Der Filialleiter hatte aus der Presse von ihrem Fall erfahren und war entsetzt. Er wollte auf die Vorfälligkeitsentschädigung, die Banken kassieren, wenn Leute früher aus ihren Krediten aussteigen, verzichten. Tatsächlich wurde die Eigentumswohnung verkauft. Allerdings mit Verlust. Inzwischen hatte auch der Filialleiter gewechselt. Und der neue Chef pochte auf die Vorfälligkeitsentschädigung. Anna Ney und ihr Mann hatten keine Ahnung, woher sie die fünfstellige Summe nehmen sollten. »Das war für uns der Dolchstoß«, erzählt Anna Ney fünf Jahre später, im Jahr 2016. Um Geld zu verdienen, hangelte sie sich von Job zu Job. Ein paar Monate arbeitete sie als Designerin bei einem freien Projekt, entwarf Kindermode. Sie machte sich mit einer Firma für Hochzeitsplanungen selbstständig. »Doch die Kunden zahlten die Rechnungen nicht, sodass ich wieder aufgegeben habe.« Einen Job als Designerin fand sie nicht. Deshalb arbeitete Anna Ney sogar als Promoterin. »Ich habe im Supermarkt gestanden und Joghurt zur Verkostung angeboten.« Schließlich stieg sie in die elterliche Firma ein. »Obwohl ich das nie gewollt habe.« Als ihr Vater das Unternehmen aufgab, kam Anna Ney bei einer alten Schulfreundin unter, die eine Personalagentur betreibt. Sie arbeitet nun 22 Stunden pro Woche. Es macht ihr Spaß, sie hat Zeit für ihre Tochter. Klingt nach einem kleinen Happy End?

Irrtum. Anna Ney und ihr Mann mussten Privatinsolvenz anmelden. Jetzt befinden sie sich in der »Wohlverhaltensphase«, stottern mit dem pfändbaren Teil ihres Einkommens die Schulden ab, die nach dem Verkauf der Eigentumswohnung durch den Verlust und die Vorfälligkeitszinsen geblieben sind. Seit vier Jahren. Zwei Jahre haben die beiden noch. Wenn sie sich an die Auflagen halten, erklärt das Gericht sie nach insgesamt sechs Jahren für schuldenfrei.

Anna Ney hat sich auf das »Wagnis Kind« eingelassen, wie die ehemalige Familienministerin und siebenfache Mutter Ursula von der Leyen (CDU) es in einem *Stern*-Interview mal formuliert hat. Sie hat dafür mit ihrer beruflichen Existenz bezahlt. In einem Land, in dem Politiker und Politikerinnen Frauen dazu animieren wollen, mehr Kinder zu kriegen. Ihre Geschichte ist ein Stück aus dem Tollhaus Deutschland.

Babys an die Wahlurne

Nicht nur Kirchenleute, sondern auch Politiker wollen Kinderlose bestrafen. Familienministerin Manuela Schwesig (SPD) würde Eltern gern eine zusätzliche Wählerstimme pro Kind zuschanzen. Ein Familienwahlrecht fände sie gut, sagte die Sozialdemokratin zum 25. Jubiläum der UN-Kinderrechtskonvention im Jahr 2014. Das würde bedeuten, dass Eltern für jedes Kind eine extra Stimme bei jeder Wahl bekommen. *Die Welt* war begeistert: »Ein Seniorenpaar, das keine Enkel hat und auch keine Kinder, hat bei Wahlen zwei Stimmen – genauso viele wie eine klassische Familie mit drei minderjährigen Kindern. Und das Seniorenpaar hat sogar ein doppelt so hohes Stimmengewicht wie eine Familie, deren Oberhaupt eine alleinerziehende Mutter ist. Das ist für sich genommen eine Ungerechtigkeit.«

Die Anhänger des Familienwahlrechts sitzen in fast allen Parteien. Schon zweimal schaffte es der Vorschlag in den Bundestag. Ende September 2003 stellten Abgeordnete mit ihrem Antrag »Mehr Demokratie wagen durch ein Wahlrecht von Geburt an« das Familienwahlrecht im Bundestag zur Abstimmung. Natürlich ging es mal wieder um zahlende Neubürger fürs Sozialsystem, auch wenn das nur zwischen den Zeilen anklang. »Die demografische Entwicklung in Deutschland gefährdet die Zukunft unserer Gesellschaft«, liest man in der Bundestagsdrucksache Nummer 15/1544. »Die Probleme der deutschen Gesellschaft der Zukunft sind nur zu bewältigen, wenn im Generationenvertrag auch die junge Generation berücksichtigt und Kindern und den sie großziehenden Eltern ein ihrer Bedeutung für die Zukunft unserer Gesellschaft angemessener Stellenwert eingeräumt wird. Die Gesellschaft insgesamt muss kinderfreundlicher werden, die Bereitschaft junger Erwachsener, Eltern zu werden, muss gestärkt und die zahlreichen Probleme und Nachteile für Familien mit Kindern müssen abgebaut werden.«

Der Antrag war von prominenten Politikern unterschrieben: Wolfgang Thierse (SPD), damals Vizepräsident des Bundestages und langjähriges Mitglied des Zentralkomitees der deutschen Katholiken (ZdK), der evangelische Pfarrer Rainer Eppelmann (CDU), Dirk Niebel (FDP), der später Entwicklungsminister wurde, der bekannte FDP-Politiker Hermann Otto Solms und die grüne Pastorin Antje Vollmer. Thierse hat zwei Kinder. Eppelmann fünf, Niebel und Solms jeweils drei.

Der Bundestag lehnte den Antrag ab.

Im Juni 2008 gab es einen zweiten Versuch, der wieder prominente Unterstützer hatte, darunter die ehemalige Familienministerin Renate Schmidt (SPD), Jens Spahn (CDU), heute Staatssekretär beim Bundesminister der Finanzen, Cornelia Pieper, seinerzeit stellvertretender Bundesvorsitzende der FDP. Thierse und Solms waren auch wieder mit von der Partie.

Wieder war nicht direkt die Rede davon, dass die Sozialsysteme in Deutschland auf Neubürger angewiesen sind: »Die Demokratie in Deutschland steht vor einer ungewöhnlichen Herausforderung, zugleich vor einer Bewährungsprobe … Weil der Anteil älterer Menschen immer mehr zunimmt, gerät das politische Zahlenverhältnis aus dem Gleichgewicht, die Anliegen jüngerer Generationen werden aus dem politischen Handlungsfeld fast zwangsläufig verdrängt.«

Im Juni 2009 wurde im Bundestag über die Bundestagsdrucksache 16/9868 diskutiert. »Wir wollen damit den Zusammenhalt der Generationen fördern. Wir wollen kein Gegeneinander der Generationen, sondern ein Miteinander«, versicherte Renate Schmidt (SPD). »Kindergrundrechte und das Prinzip der Generationengerechtigkeit« gehörten »in die Verfassung und als eine der logischen Schlussfolgerungen daraus ein Wahlrecht von Geburt an, um endlich der Zukunft in unserem Land eine Stimme zu geben«. Solms meinte: »Ein Wahlrecht ab Geburt bringt keine Privilegien für Familien. Im Gegenteil, es beendet eine Benachteiligung von Familien. Das ist verfassungsrechtlich geboten.« Steffen Reiche (SPD) aus Cottbus verriet, worum es wirklich ging: »Wir brauchen in den Zeiten rasanter demografischer Veränderungen eine neue Balance. Deshalb kämpfen wir für das Wahlrecht von Geburt an.«

Die Linke Petra Pau kam leider nicht mehr zu Wort, gab aber ihre Rede zu Protokoll. Sie brachte die Heuchelei dieses Antrags auf den Punkt: »Allen Bürgerinnen und Bürgern wird noch immer verwehrt, via Volksentscheide oder Volksabstimmungen auf Bundesebene ein eigentlich verbrieftes Grundrecht wahrzunehmen, verweigert übrigens von etlichen Abgeordneten, die nun Babys zur Urne rufen oder deren Eltern privilegieren wollen.«

Der Antrag auf ein Wahlrecht von Geburt an ging in die Ausschüsse und wurde ein paar Monate später mit der Bundestagswahl vom Tisch gewischt. Bis zum nächsten Mal.

Denn die Befürworter wissen hochkarätige Juristen an ihrer Seite: Der inzwischen verstorbene Bundespräsident und Ex-Verfassungsrichter Roman Herzog (CDU), sein Kollege, Paul Kirchhof, ebenfalls Bundesverfassungsrichter a.D., sind für ein Familienwahlrecht. »Es würde die Demokratie gerechter machen und, wie ich meine, auch stabilisieren«, meint Kirchhof, der mal als Merkels Finanzminister gehandelt wurde. »Die Demokratie folgt dem Prinzip: ein Mensch, eine Stimme. Ein Kind ist ein Mensch. Ein Kind ist sogar der Mensch, der von den politischen Entscheidungen von heute noch 80 Jahre betroffen ist, während der andere vielleicht 60, 40 oder 10 Jahre betroffen ist«, sagte er dem Deutschlandfunk. Auch die Juristin Dr. Lore Maria Peschel-Gutzeit, Ex-Justizsenatorin von Hamburg und Berlin, ist nicht der Meinung, dass alle Staatsgewalt »nur vom volljährigen Volk« ausgehen sollte.

Es ist schon erstaunlich, dass Abgeordnete und Verfassungsrechtler, die die Paragrafen des Grundgesetzes eigentlich im Schlaf kennen müssten, argumentieren, als hätten sie nie einen Blick in die Verfassung geworfen.

»Jeder hat das Recht auf die freie Entfaltung seiner Persönlichkeit, soweit er nicht die Rechte anderer verletzt und nicht gegen die verfassungsmäßige Ordnung oder das Sittengesetz verstößt«, heißt es in Artikel 2, ganz vorne also. Dieser Artikel fällt unter die Ewigkeitsklausel, das heißt, dass er, in Stein gemeißelt, nicht geändert werden kann. Und zur freien Entfaltung gehört wohl auch die Entscheidung, keine Kinder zu kriegen.

»Alle Staatsgewalt geht vom Volke aus ...«, steht in Artikel 20. Zum Volk gehören doch auch die Kinder, argumentieren die Befürworter des Familienwahlrechts und unterschlagen, was noch im Grundgesetz steht: Wahlen sind frei, allgemein, geheim, gleich und unmittelbar. Allgemein bedeutet, dass alle Bürger grundsätzlich das gleiche Wahlrecht haben. Unabhängig davon, welchen Beruf sie ausüben, ob sie arm oder reich sind, wie viel Steuern sie zahlen. Unabhängig von Geschlecht und Schulbildung. Also auch unabhängig von der Zahl ihrer Kinder.

Wahlen sind gleich. Bedeutet: Jeder Wähler hat gleich viele Stimmen. In einer Demokratie geht alle Staatsgewalt vom Volke aus, ja. Aber das sind alle Bürger und nicht nur die Familien. Ein Familienwahlrecht würde bedeuten, dass die Gewalt von Familien ausginge. Freie Wahlen bedeuten unter anderen, dass niemand sanktioniert oder diskriminiert wird. Also auch Kinderlose nicht. Im Grundgesetz steht, wer sich aufstellen lassen und an die Wahlurne darf, nämlich »wer das achtzehnte Lebensjahr vollendet hat; wählbar ist, wer das Alter erreicht hat, mit dem die Volljährigkeit eintritt«.

Wie frei und geheim ist eine Wahl, wenn Eltern für ihre Kinder stimmen? Und was ist, wenn Eltern sich mit ihren Kindern darüber streiten, welche Parteien sie nun wählen wollen? Meine konservativen Eltern hätten nie, nie, nie für mich die Grünen gewählt.

Jeder, der ein Familienwahlrecht fordert, also auch die amtierende Bundesfamilienministerin und ihre Vorgängerin Schmidt, wollen Kinderlose zu Wählern zweiter Klasse machen. »Wir wollen kein Gegeneinander der Generationen, sondern ein Miteinander«, salbaderte Renate Schmidt im Bundestag. Doch mit dem Familienwahlrecht schafft sie das Miteinander ab. Spielt Eltern und Kinderlose gegeneinander aus. Spaltet die Gesellschaft. Entkernt das Grundgesetz. Vielleicht sollten die Befürworter eines Familienwahlrechts mal im Shop der Bundeszentrale für politische Bildung stöbern. Dort finden sie ein sehr lesenswertes Buch mit dem Titel *Demografie und Demokratie.* Zum »Wahlrecht von Geburt an« liest man darin: »Diese verfassungsrechtliche Festlegung von Bürgerinnen und Bürgern auf einen – im wahrsten Sinne des Wortes – ›biopolitischen‹ Standpunkt ist mit den Grundsätzen der Menschenwürde, auf der die Freiheit und Gleichheit aller Bürgerinnen und Bürger im demokratischen Verfassungsstaat beruht, unvereinbar.« Ja, auch das: Die Befürworter eines Familienwahlrechts scheren sich nicht um die Menschenwürde Kinderloser.

Was sie außerdem geschickt unter den Tisch kehren: Es ist noch keine hundert Jahre her, dass Frauen in Deutschland das erste Mal wählen durften. Im Kaiserreich waren nur Männer über 25 wahlberechtigt. Für Frauen war der Gang an die Wahlurne tabu. Erst am 19. Januar 1919 durften Frauen in Deutschland das erste Mal die Nationalversammlung wählen. Sie hatten – nach einem langen, langen Kampf – endlich das aktive und passive Wahlrecht. Die Sozialdemokratinnen Schwesig und Schmidt sollten das eigentlich wissen. Schließlich war ihre Partei die erste, die 1891 das Wahlrecht für Frauen forderte.

Die Errungenschaft währte nur 14 Jahre. 1933, als die Nazis an die Macht kamen, waren politische Ämter für Frauen tabu. Zwar durften Frauen wählen, nicht aber kandidieren. Doch es gab Ideen, Frauen ein nach ihren »Leistungen in der Mutterschaft« gestuftes Wahlrecht zuzugestehen.

Und nun, keine 100 Jahre, nachdem Frauen das erste Mal in Deutschland wählen durften, denken eine sozialdemokratische Familienministerin und andere hochrangige Politiker laut über ein Familienwahlrecht nach, das das Wahlrecht kinderloser Frauen und Männer beschneiden würde. Sie wollen Frauen erst zu vollwertigen Wählerinnen machen, wenn sie Kinder bekommen haben. Und je mehr Kinder eine Frau bekommen hat, desto mehr wiegt ihre Stimme.

Natürlich gilt das auch für Männer. Es gibt sogar mehr kinderlose Männer als Frauen in Deutschland. Doch Frauen tragen das höhere existenzielle Risiko, wenn sie Kinder kriegen, wovon noch ausführlich die Rede sein wird.

Ja, liebe Eltern, für euch mag es auf den ersten Blick verlockend klingen, mehr Stimmen und Macht zu haben. Aber vielleicht habt auch ihr Söhne und Töchter, die sich eines Tages das Recht nehmen, keine Kinder zu bekommen. Wollt ihr, dass sie deshalb in diesem Land weniger zu sagen haben und dass man ihnen elementare Rechte streitig macht?

In Wirklichkeit wollen die Befürworter mit dieser Idee nur gut Wetter machen bei den Eltern. Und um ihre Stimmen werben. So tun, als wären sie auf Seiten der Familien. Wie es wirklich mit dieser »Wertschätzung« steht, zeigt die Geschichte von Reina Becker, die ihre Kinder nach dem Tod ihres Mannes plötzlich alleine durchbringen musste und eine böse Überraschung erlebte.

Der Staat fördert die Ehe, nicht Familien mit Kindern

Die Beckers waren eine richtige deutsche Bilderbuchfamilie. Mutter, Vater, zwei Kinder. Nur dass Reina Becker als Steuerberaterin die Familie ernährte, weil ihr Mann eine kleine Rente bezog. Deshalb profitierte das Ehepaar vom Ehegattensplitting, zahlte 35 Prozent Steuern. Ehegattensplitting bedeutet: Das Einkommen von Eheleuten wird erstmal zusammengerechnet, dann halbiert, daher kommt der Ausdruck »splitting«. Für das halbierte Gesamtgehalt wird die Einkommensteuer berechnet. Je größer der Einkommensunterschied zwischen Mann und Frau, desto mehr Steuern spart das Ehepaar.

Dann starb der Mann von Reina Becker 2006. Plötzlich stand sie mit ihren beiden Töchtern, acht und dreizehn Jahre alt, alleine da. Sie trat im Job kürzer, kümmerte sich mehr um ihre Kinder. Nach einer Zeit fing sie wieder voll an zu arbeiten. Schließlich musste sie sich und ihre beiden Töchter ernähren.

Als es Zeit war für die erste Steuererklärung nach dem Tod ihres Mannes, erlebte Reina Becker eine böse Überraschung. Als Witwe und alleinerziehende Mutter sollte sie nun plötzlich den Spitzensteuersatz von 42 Prozent auf ihre Einkünfte zahlen. Und das obwohl sie nun weniger Geld in der Haushaltskasse hatte als vorher. Und ihre beiden Kinder alleine durchbringen musste. Grund: Mit dem Tod ihres Mannes gab es aus Sicht des Finanzministers nichts mehr zu splitten. Deshalb profitierte die alleinerziehende Mutter nun auch nicht mehr vom Ehegattensplitting.

Dass Vater Staat so hartherzig sein kann, konnte sich Reina Becker nicht vorstellen. »Ich dachte, ich hätte mich verrechnet«, erinnert sich die Steuerberaterin. Sie fütterte ihren Rechner mit neuen Daten: Sie wollte wissen, wie viel Steuern sie mit Mann und einem Kind zu zahlen hätte. Tatsächlich spuckte der Rechner nun eine deutlich geringere Summe aus. 7 700 Euro weniger Steuern. Oder anders gerechnet: Mit Mann und einem Kind hätte Reina Becker über 600 Euro pro Monat mehr in der Haushaltskasse gehabt. Geld, das ihr nun, da sie ihre beiden Töchter als Witwe alleine durchbringen musste, fehlte. Der Finanzminister hatte ihrer Familie mit einem großzügigen Steuergeschenk unter die Arme gegriffen, als ihr Mann noch lebte. Ohne Mann bittet der Finanzminister die Alleinerziehende nun zur Kasse.

»Das ist doch ungerecht. Der Staat fördert die Ehe, nicht aber die Familie«, empört sich Reina Becker. Sie klagte vor dem Niedersächsischen Finanzgericht in Hannover. »Das steuerliche Ehegattensplitting«, so argumentierte sie, sei ein »antiquierter Klassiker der staatlichen Instrumente zur Förderung des männlichen Ernährermodells.« Ein kinderloses Ehepaar habe einen Grundsteuersatz von 35 Prozent, rechnete Reina Becker den Richtern vor, ein Ehepaar mit einem Kind 34 Prozent, sie als alleinerziehende Mutter zahle 42 Prozent. Das sei schlicht verfassungswidrig.

Doch die Richter ließen die alleinerziehende Mutter abblitzen. Zwar räumte das Gericht ein, dass das derzeitige Steuersystem nicht besonders »kinderfreundlich« und »alleinerzieherfreundlich« sei. Aber ob das nun auch gleich verfassungswidrig sei, vermochten die Richter nicht zu entscheiden. Auch dass Reina Becker nach dem Tod ihres Mannes eine Zeit lang weniger arbeiten konnte, weil sie sich um ihre Töchter kümmern musste, rührte die Richter nicht. Immerhin hätte sie in der Zeit ja auch weniger Steuern zahlen müssen, hielten sie Reina Becker vor. »Ich hatte Wuttränen in den Augen«, erzählt sie. »Kinder zu kriegen, war die beste und wertvollste Entscheidung meines Lebens, aber auch die teuerste.«

Der Fall zeigt, wie erbarmungslos der Staat Alleinerziehende abzockt. Und dass er die Ehe, nicht aber die Familie fördert. Diesen Satz muss man unterstreichen.

Nun ist wieder ein kleiner Ausflug in die Geschichte nötig. Wie kommt Vater Staat eigentlich dazu, eine Lebensform, nämlich die der Ehe, zu bevorzugen? »Ehe und Familie stehen unter dem besonderen Schutze der staatlichen Ordnung«, liest man in Artikel 6 des Grundgesetzes. Wie schaffte es die Ehe ins Grundgesetz? Ganz einfach. Mit Hilfe der katholischen Kirche. In ihren ersten Entwürfen hatten die Väter und Mütter des Grundgesetzes bewusst auf Formulierungen verzichtet, die Lebensformen in irgendeiner Weise bewerteten. Der Erzbischof von Köln, Joseph Kardinal Frings, schrieb dem Parlamentarischen Rat, der das Grundgesetz formulieren sollte, im November 1948 dann allerdings einen Brief: »Das katholische Volk hat ferner den Wunsch, Ehe und Familie als die dem Menschen nächstliegende Lebensgemeinschaft und Träger natürlicher Rechte und Pflichten unter den besonderen Schutz des Staats gestellt zu sehen.« Die CDU parierte und ließ diese Forderung flugs ins Grundgesetz schreiben. Die SPD zauderte, konnte sich jedoch nicht durchsetzen und stimmte letztlich auch dafür. Deshalb steht die Ehe seit 1949 in der Verfassung und damit gewissermaßen unter Artenschutz.

Als Steuerberaterin ist Reina Becker immerhin in der Lage, ihre Töchter alleine zu ernähren. Frauen, deren Männer das Geld verdient haben und plötzlich nicht mehr da sind, bricht die Haupteinnahmequelle weg. Sie müssen unter Umständen von Hartz IV leben.

Reina Becker legte gegen das Urteil Revision ein. Sie kämpfte übrigens gemeinsam mit einem Witwer, der seine Frau verloren hat und in der gleichen Lage steckte.

Die Zeitschrift *Emotion* zeichnete Reina Becker im Sommer 2016 als »Zukunftsmacherin« mit dem *Emotion*-Award aus. »Kinder sind unsere Zukunft – und in einem der reichsten Länder der Welt ein Armutsrisiko«, sagte Reina Becker bei der Preisverleihung. Finanzminister Schäuble und Familienministerin Schwesig sollten diese Sätze die Schamesröte ins Gesicht treiben.

Ein halbes Jahr nach der Preisverleihung wies der Bundesfinanzhof die Revision im Januar 2017 als unbegründet zurück. »Die Besteuerung Alleinerziehender nach dem Grundtarif anstelle einer Besteuerung nach dem Splittingtarif ist verfassungsgemäß«, entschied die Kammer, bestehend aus vier Richtern und einer Richterin. Es sei »von Verfassungs wegen nicht geboten, verwitwete Elternteile ehelicher Kinder in den Anwendungsbereich des Splitting-Verfahrens einzubeziehen«, schrieben sie. Oder anders ausgedrückt: Splitten und sparen dürfen nur Eheleute.

Reina Becker überlegt nun, Verfassungsbeschwerde einzulegen. Sie denkt auch an die nächste Generation: »Ich sehe es bei meinen Töchtern und ihren Freundinnen. Sie wollen Kinder. Aber sie haben Angst, es finanziell nicht zu schaffen.«

Die meisten Alleinerziehenden in diesem Land sind übrigens Frauen. Frauen, die sich auf das »Wagnis Kind« eingelassen haben. Frauen, die ihre Kinder alleine durchbringen. Frauen, die der Staat abzockt. Gnadenlos.

Nicht das einzige Beispiel, übrigens. Auch sonst bittet der Staat Eltern gern zur Kasse. Der Finanzminister kassiert fleißig Steuern für Schulhefte, Kinderbücher, Spielzeug, Strampelanzüge und Windeln. Eltern kaufen mit ihrem Geld, das sie in der Regel schon einmal versteuert haben, für ihre Kinder ein und zahlen noch mal Mehrwertsteuer auf Babybrei, Nuckelfläschen, Kinderwagen, Wickelkommoden und was man sonst noch so alles für Kinder braucht. Der Staat könnte bei Produkten für Kinder auf die Mehrwertsteuer verzichten. Das Leben von Familien würde erheblich billiger werden. Allein für Windeln streicht der Staat jährlich 133 Millionen Steuern ein. Geld stinkt halt nicht.

Kinderlose enteignen

Besonders populär sind Forderungen, Kinderlosen die Rente zu kürzen oder gleich ganz zu streichen. »Wer keine Kinder hat, baut seine Zukunft auf die Kinder anderer Leute auf«, zitiert *Nido*, das Magazin für modernen Nestbau, den bekannten Sozialrichter Jürgen Borchert. Er gilt als »Robin Hood der Familien«, weil er die Rechtsprechung zu ihren Gunsten beeinflusst hat. Kinderlose verdanken es auch ihm, dass sie mehr Geld in die Pflegeversicherung einzahlen müssen. Er hat Trümmerfrauen zu mehr Rente verholfen – das war gut und richtig. Aber Kinderlosen vorzuhalten, sie würden ihre Zukunft auf Kinder anderer Leute aufbauen, ist eine Unverschämtheit. Im Übrigen dürfte Borchert als verbeamteter Richter keinen Cent in die Rentenversicherung eingezahlt haben.

»Die Sache ist geritzt. Die Babyboomer haben das Problem quasi verursacht: Sie haben zu wenig Kinder bekommen und jetzt kriegen sie die Quittung dafür«, sagt auch Bernd Raffelhüschen, Vater dreier Kinder und Professor für Finanzwissenschaft an der Universität Freiburg, wahrscheinlich ebenfalls verbeamtet.

Auch Udo Di Fabio, bis 2011 Richter am Bundesverfassungsgericht, dem obersten Gericht in diesem Lande also, das darüber wacht, dass die Verfassung eingehalten wird, findet nichts dabei, Kinderlosen die Rente zu kürzen. »Einen vollen Rentenanspruch kann – jedenfalls dann, wenn man einer ganzheitlichen Gerechtigkeitsbetrachtung folgt – nur derjenige erwerben, der ausreichend Beiträge eingezahlt hat und zugleich im Verlauf seiner Erwerbsbiografie ausreichende Leistungen für die Sorge der Kinder erbracht hat.« Di Fabio ist Vater von vier Kindern.

Ökonom Hans-Werner Sinn, 17 Jahre Präsident des Instituts für Wirtschaftsforschung, eines der größten Wirtschaftsforschungsinstitute dieses Landes, behauptet: »Die Babyboomer wollen eine Rente von Kindern, die sie nicht bekommen haben.«

Und der inzwischen verstorbene Johann Eekhoff, Direktor des Instituts für Wirtschaftspolitik der Universität Köln, forderte gar: »Die Renten von Kinderlosen müssten um die Hälfte gesenkt werden.« Eekhoff war auch mal Staatssekretär im Wirtschaftsministerium. »Kinderlose hätten nie in das Rentensystem aufgenommen werden dürfen, weil es nur funktioniert, wenn es von nachfolgenden Generationen finanziert wird«, sagte er der *Bildzeitung*.

CSU-Familienexpertin Silke Launert fände es »gerecht, wenn Eltern, die die Beitragszahler von morgen großziehen, einen niedrigeren Rentenbeitrag leisten als Kinderlose«, wie sie der *Bildzeitung* sagte. Offenbar hat Frau Launert noch nie etwas vom »Äquivalenzprinzip« gehört. Wer in die Rentenversicherung einzahlt, erwirbt Entgeltpunkte, die sogar verfassungsrechtlich geschützt sind. Vereinfacht gesagt: Wer mehr einzahlt, kriegt auch mehr raus. Jedenfalls ist das die fromme Hoffnung. Aber auch Frau Launert war Richterin, bevor sie in den Bundestag einzog. Da Richter und Beamte nicht in die gesetzliche Rentenkasse einzahlen, reden sie über das Geld anderer Leute.

Journalist Sven Kuntze, früher beim ARD-Morgenmagazin, findet Kinderlose schamlos, würde ihnen die Rente am liebsten ganz streichen. »Jeder, der kein Kind in die Welt gesetzt hat, hat damit den Generationenvertrag aufgelöst und sein Recht auf die Rente verwirkt«, sagte der Bestsellerautor im Fernsehen.

An dieser Stelle ist leider ein kurzer Ausflug in die Klatschspalten nötig. Herr Kuntze hat, nach allem, was man weiß, eine Tochter mit der Journalistin und SPD-Politikerin Doris Schröder-Köpf. Sie war 1990 mit ihm nach New York gegangen. Dort war sie schwanger geworden. Die Beziehung zerbrach. Sie kam allein zurück nach Deutschland. »Es war hart, dann mit einem neun Monate alten Kind nach Hause geschickt zu werden«, beklagte sie sich 2001 im *Stern*. Klingt, als hätte sie sich vom Vater ihres Babys im Stich gelassen gefühlt. Und von so einem Mann soll ich mir sagen lassen, ich hätte kein Recht auf Rente? Weil ich kein Kind gekriegt habe? Und das Risiko, sitzengelassen zu werden, nicht eingegangen bin?

Die ARD, bei der Kuntze gearbeitet hat, hat übrigens laut *FAZ* 7,4 Milliarden Euro zur Seite gelegt, um die Pensionslasten für ihre Mitarbeiter schultern zu können. Die Rundfunkgebühren werde nicht nur fürs Programm, sondern immer mehr auch für Renten ausgegeben. »Jeder Haushalt in Deutschland zahlt über seine Rundfunkgebühr im Jahr rund 13,50 Euro für die Altersversorgung öffentlich-rechtlicher Beschäftigter«, schreibt die Zeitung.

Aber nun zum Generationenvertrag, den Kinderlose durch ihre Gebärunlust angeblich aufgekündigt haben. Verträge, lieber Herr Kuntze, setzen zwei Willenserklärungen voraus. Angebot und Annahme. Jura, erstes Semester. Der Generationenvertrag aber wurde einseitig geschlossen. Von Adenauer. Er hat Generationen in die Gebärpflicht genommen hat, die nicht einmal geboren waren. Und auch Raffelhüschen irrt, wenn er meint, Kinderlose würden jetzt die Quittung für ein Problem bekommen, dass sie verursacht hätten.

Adenauer hat das Problem verursacht. Und Politiker aller Regierungen haben seit fast 60 Jahren nichts getan, um diesen Fehler zu korrigieren. Nun müssen Sündenböcke her.

Es ist Bullshit, die Kinderlosen für den Zusammenbruch des Rentensystems verantwortlich zu machen. Es ist das System, das sich selbst zerstört, weil die deutsche Rentenversicherung nichts anderes ist als ein »sittenwidriges Schneeballsystem«, wie der Historiker Götz Aly sie in der *Berliner Zeitung* einmal treffend genannt hat.

Tatsächlich funktioniert das deutsche Rentensystem im Prinzip so wie die Betrugsmaschinerie, die Charles Ponzi um 1920 erfunden hat. Nur dass in diesem Land Teile der arbeitenden Bevölkerung zwangsverpflichtet werden, in die Rentenkasse einzuzahlen. Während Ponzi seine Opfer beschwatzte und sie ihm ihr Geld freiwillig gaben. Seine Masche war denkbar schlicht und wird noch heute von vielen Betrügern in aller Welt kopiert: Anleger werden mit hohen Renditeversprechen dazu gebracht, ihr Geld zu investieren. Zunächst wirkt alles seriös, denn die versprochenen Gewinne fließen tatsächlich an die Investoren zurück. Was die Investoren nicht ahnen (oder vielleicht doch): Es sind nicht etwa Gewinne, die sie da einstreichen. Der vermeintliche »Gewinn« wird von dem frischen Geld gezahlt, das neue Investoren einzahlen. Sie kassieren also das Geld anderer Leute. Das System funktioniert, solange frisches Geld nachgeschossen wird. Wenn der Geldstrom verebbt, bricht das System zusammen. Die Letzten beißen die Hunde. Sie gehen leer aus. Das Spiel ist aus.

Genauso funktioniert im Prinzip die deutsche Rentenversicherung. Die Jungen zahlen für ihre Eltern und Großeltern. Und wenn sie selbst alt sind, zahlen ihre Kinder für sie. Adenauer hat dafür gesorgt, dass das Geld, das der Staat Monat für Monat von meinem Gehalt für die Rentenversicherung abzweigt, erstmal auf das Konto meiner Eltern und Großeltern geht. »Umlageverfahren« nennt sich das harmlos. »Kinder kriegen die Leute immer«, hat er geglaubt. Und weil ich ihm das Spiel verdorben und keine Kinder gekriegt habe, die für mich einzahlen könnten, muss ich jetzt zwar zahlen, soll aber nichts rauskriegen. Wie beim Schneeballsystem. Die Letzten beißen die Hunde.

Adenauer hat als erster Bundeskanzler Generationen in die Pflicht genommen, die noch gar nicht geboren waren. Er hat Geld einkalkuliert, das er noch gar nicht eingenommen hatte, ja, das nicht mal erwirtschaftet worden war. Die Pille machte ihm einen Strich durch die Rechnung. Neue Beitragszahler wurden nicht geboren. Doch statt diesen Rechenfehler zu korrigieren, sollen

Kinderlose jetzt die Zeche zahlen und haftbar gemacht werden für einen Systemfehler, den sie nicht zu verantworten haben. Oder Vögeln fürs Vaterland, damit die Kasse stimmt.

Dabei ist fraglich, ob diese Rechnung überhaupt aufgeht. Zwar gibt es Studien, die belegen, dass ein Kind dem Staat rund 100 000 Euro mehr einbringt, als es Betreuungs- und Ausbildungskosten verursacht. Kinder sind – volkswirtschaftlich gesehen – also bares Geld wert. Allerdings nur, wenn sie arbeiten, Steuern und Abgaben zahlen. Sollten sie auf Hartz IV angewiesen sein, ins Ausland gehen oder aber Beamte oder Abgeordnete werden, sieht die deutsche Rentenversicherung keinen Cent.

Sich einfach nur viele Kinder für die Sozialsysteme zu wünschen, ist also eine Milchmädchenrechnung. Die Kinder müssen auch zu zahlungskräftigen Beitragszahlern heranwachsen. Beim Jobcenter in Bottrop – und vermutlich nicht nur dort – sind Familien registriert, die in dritter Generation von Hartz IV leben. Großvater, Großmutter, Vater, Mutter, Enkel und Enkelinnen – alle Hartzer. »Ein Rentensystem braucht nicht unbedingt mehr Kinder, ein Rentensystem braucht Beitragszahler«, sagt Anette Eva Fasang, Professorin für Mikrosoziologie an der Humboldt-Universität in Berlin, der *Süddeutschen Zeitung*. Also Arbeitnehmer, die Vollzeit arbeiten und gut verdienen, damit sie satte Beiträge in die Sozialversicherungen einzahlen können.

In Deutschland werden allerdings Stellen abgebaut: 23 000 bei VW, 4 000 bei der Deutschen Bank, 1 700 bei Siemens, 3 500 bei der Barmer GEK. Wenn man der Gewerkschaft Verdi Glauben schenken darf, wurden seit der Jahrtausendwende in Deutschland rund zwei Millionen Vollzeitstellen abgebaut, also Stellen von Arbeitnehmern, die Beiträge zahlen. Dabei haben die 120 deutschen Großkonzerne 2016 einen Rekordgewinn von 90 Milliarden Euro eingenommen.

Meistens werden ältere Menschen entlassen. Fast ein Drittel, etwa 28 Prozent, der Arbeitslosen in Deutschland sind über 50 Jahre alt. Seit der Jahrtausendwende hat sich die Zahl der älteren Arbeitslosen mehr als vervierfacht. Der feste Arbeitsvertrag, eine Art Ehe zwischen Arbeitnehmer und Arbeitgeber, die möglichst lange halten soll, ist heute keine Selbstverständlichkeit mehr. Junge Leute hangeln sich erst von Praktikum zu Praktikum und später von einem befristeten Vertrag zum nächsten. Doch wer keine Sicherheit hat, gründet auch keine Familie.

Übrigens haben all diese Herrschaften, die Kinderlosen die Rente streichen wollen, offenbar nicht mitbekommen, dass für Rentenanwartschaften eine Art Eigentumsschutz gilt, der im Grundgesetz verankert ist. Das hat das Bundesverfassungsgericht seit 1980 immer wieder bestätigt. Kürzungen müssen hingenommen werden. Enteignet werden darf man allerdings nicht. Noch nicht, zumindest. Das wäre Raub. Und zwar ein staatlich angezettelter.

Die Plünderung der Rentenkasse

Seit Jahrzehnten plündern Politiker die Rentenkasse gerne, um Dinge zu zahlen, für die sie eigentlich alle Steuerzahler zur Kasse bitten müssten. »Seit 1957 haben die verschiedenen Bundesregierungen rund 700 Milliarden Euro inklusive 300 Milliarden Zinsen quasi veruntreut«, behauptet der Rentenexperte Otto Teufel. »Sie wurden zweckentfremdet, für versicherungsfremde Leistungen aus der Rentenkasse in Anspruch genommen. Dieses Geld schuldet die Regierung unserer Rentenkasse«, sagte er der *taz*.

Gerade haben sich Frau Nahles und Herr Schäuble darauf geeinigt, die Renten von Ruheständlern aus Ost und West anzugleichen. Die Hälfte des Geldes, das dafür benötigt wird, soll aus der Rentenkasse kommen. Die andere Hälfte zahlt der Steuerzahler. Bedeutet im Klartext: Die Beitragszahler schultern die Hälfte aus der Rentenkasse, also die abhängig Beschäftigten in diesem Land, die Zwangsmitglieder der gesetzlichen Rentenversicherung sind. Warum eigentlich? Das sind doch Folgekosten der deutschen Einheit, die eigentlich von allen Steuerzahlern getragen werden müssten, also auch von Beamten, Abgeordneten und allen Selbstständigen.

Apropos deutsche Einheit. Die Kosten der Wiedervereinigung sind unter anderem aus der Arbeitslosen- und Rentenversicherung finanziert worden. »Fast ein Viertel der Kosten sind … durch die Solidargemeinschaften der Versicherten der Arbeitslosen- und Rentenversicherung getragen worden«, liest man auf den Seiten der Bundeszentrale für politische Bildung. Der Sozialhistoriker Gerhard Ritter glaubt, dass die Einheit »die Probleme des Sozialstaats und allen voran des Rentensystems verschärft« habe.

»Wenn dein Bruder vor der Tür steht, fragst du auch nicht, was er dich kostet, sondern lässt ihn ein«, zitierte der damalige Finanzminister Theo Waigel (CSU) nach der Wende bei jeder Gelegenheit den Schriftsteller Ernst Jünger. Stimmt. »Die deutsche Einheit ist in Geld nicht aufzuwiegen«, sagte Mecklenburg-Vorpommerns Innenminister Lorenz Caffier (CDU). Auch richtig.

Aber hört endlich auf, so zu tun, als hätten Kinderlose die Probleme der Rentenversicherung verursacht. »Tatsache ist, bei den Finanzierungsproblemen der gesetzlichen Rentenversicherung handelt es sich nachweislich nicht um die Folgen ›langfristiger demografischer Veränderungen‹, sondern um die Auswirkungen der Eingriffe des Gesetzgebers in die Rentenkasse«, sagt Rentenexperte Teufel. »Wir leiden nicht unter einem demografischen Problem, wir leiden unter einer wirtschaftspolitischen Elite, die sich bereichert.« Genauso ist es. Und Kinderlose müssen als Sündenböcke herhalten, um diesen sozialpolitischen Skandal zu vertuschen.

Dass Politiker so gerne in die Rentenkasse greifen, um alles Mögliche zu finanzieren, hat vermutlich einen simplen Grund: Wenn man in die Steuerkasse greifen würde, müssten womöglich die Steuern erhöht werden. Und mit Steuererhöhungen gewinnt man nun mal keine Wahlen. Das wusste schon Adenauer.

Was sich Politiker so gönnen

Die Junge Union würde Kinderlosen gerne eine Sondersteuer aufbrummen. Ein Prozent des Bruttolohns. Und eine 1 000 Euro-Prämie pro Neugeborenen, bezahlt von Kinderlosen. In der Partei gibt es durchaus Gegenwind. »Mittelalterlich«, nannte Christian Bäumler von der Christlich-Demokratischen Arbeitnehmerschaft diese Idee, Jens Spahn allerdings, Parlamentarischer Staatssekretär beim Bundesminister der Finanzen, lobt den »mutigen Vorschlag« der Jungen Union. Und erklärt in Zeitungen flugs, dass »eine stärkere Belastung der Kinderlosen zur Entlastung der Familien« zum »generellen Prinzip in der Sozialversicherung« werden solle. »Fair und gerecht wäre es, wenn vor allem die Kinderlosen einen größeren Beitrag zur Vorsorge leisten. Die Eltern, die künftige Beitragszahler großziehen, haben ihren Anteil ja schon geleistet. Ich kann mir daher vorstellen, dass wir den Beitragssatz für Kinderlose künftig weiter erhöhen«, sagte er der *Frankfurter Rundschau*.

Spahn ist genau der Richtige, um solche Forderungen aufzustellen. Er ist – nach allem, was man weiß – kinderlos, hat bislang auch noch keinen Beitragszahler großgezogen, um es mit seinen Worten zu sagen. Ein Kinderloser, der sich für Familien starkmacht. Donnerwetter, staunt man. Doch sehen wir uns die Biografie von Herrn Spahn doch mal ein bisschen genauer an.

Nach seiner Ausbildung zum Bankkaufmann arbeitete Spahn genau ein Jahr lang in seinem Beruf, bevor er 2002 – nur wenige Jahre, nachdem er Abitur gemacht hatte – für die CDU in den

Bundestag einzog. Spahns Beitrag in die Rentenversicherung dürfte also überschaubar sein. Abgeordnete, die Kinderlosen besonders gerne vorwerfen, sie hätten nix für die Rentenkasse getan, müssen nicht in die gesetzliche Rentenversicherung einzahlen. Das müssen nur normal sterbliche Angestellte.

Dafür ist ihre Altersversorgung üppig, wie der Bund der Steuerzahler ausgerechnet hat: Schon nach einem Jahr im Bundestag haben Abgeordnete Anspruch auf 233 Euro Pension pro Monat. Nach zehn Jahren im Parlament kassieren Ex-Politiker weit über 2 000 Euro im Monat. »Eine Unverschämtheit«, findet selbst die konservative *Welt*. Zwar müssen Abgeordnete ihre Pension versteuern, trotzdem können Normalbürger von so einer Altersversorgung nur träumen. Zum Vergleich: Männer hatten Ende 2014 eine Durchschnittsrente von 1 013 Euro. Frauen mussten mit 762 Euro auskommen.

2015 wurde Spahn – nach 13 Jahren im Bundestag – Parlamentarischer Staatssekretär, bezieht nun – nach Berechnungen des Steuerzahlerbundes – ein stolzes Monatseinkommen von 19 900 Euro.

Wenn er mal aus der Politik ausscheidet, wartet ein üppiges Ruhegehalt von mehreren tausend Euro auf ihn.

Wenn ich die Zeche nicht zahlen muss, ist es leicht, andere zur Kasse zu bitten, werter Herr Spahn.

»Ich bin mein Geld auch wert«, behauptet er selbstbewusst auf seiner Internetseite, schließlich arbeite er 60 bis 70 Stunden pro Woche. Viele Menschen in diesem Lande arbeiten sogar noch mehr, ohne auch nur annähernd so viel zu verdienen. Leute mit hoher Verantwortung, wie LKW-Fahrer, die nach einer Befragung der Böll-Stiftung mitunter 80 Stunden pro Woche arbeiten, was eigentlich verboten ist. Für einen Tariflohn, je nach Bundesland, zwischen 9,42 Euro und 14,15 Euro brutto.

Der Bund der Steuerzahler findet jedenfalls nicht, dass Herr Spahn und seinesgleichen ihr Geld wert sind. Parlamentarische Staatssekretäre gibt es zu viele, findet der Verein, der eine Institution in diesem Lande ist. Sie seien zu teuer. Und nutzlos. »Im Laufe der Jahre ist das Amt mehr und mehr zu einem machtpolitischen Instrument geworden, das sich vorzüglich zur Ämterpatronage und Pfründenwirtschaft eignet – allerdings auf Kosten der Steuerzahler.«

Auch gewöhnliche Abgeordnete lassen es sich gut gehen: Bundestagsabgeordnete bekommen pro Monat 9327 Euro Diäten, die sie versteuern müssen. 2014 haben Abgeordnete beschlossen, dass sich die Diäten automatisch erhöhen. Waren ja auch nervig, diese ewigen Debatten in der Öffentlichkeit darüber, wie Abgeordnete sich die Taschen füllen. Zu den Diäten bekommen Abgeordnete eine Aufwandsentschädigung von 4305 Euro. Steuerfrei. Mit dieser Pauschale sollen unter anderem Bürokosten im Wahlkreis bezahlt werden. Aber da es eine Pauschale ist, wird sie überwiesen – ob die Kosten nun anfallen oder nicht. Abgeordnete fahren umsonst Bahn, nicht nur, wenn sie fürs Vaterland unterwegs sind, sondern auch privat. Warum?

Politiker diskutieren darüber, die Menschen in diesem Land bis 70 arbeiten zu lassen, sie können unter bestimmten Umständen schon mit 56 in Pension gehen – bei vollen Bezügen. »Nirgendwo sonst gönnen sich die Politiker derart generöse Privilegien wie bei der eigenen Altersversorgung«, kritisiert der Steuerzahlerbund. »Bundestagsabgeordnete zahlen keine Beiträge für ihre Altersversorgung. Sowohl die Höchstversorgung als auch die jährlichen Steigerungsraten sind übertrieben.«

Und das alles, während Frauen, die Kinder kriegen, in diesem Land ihre Existenz riskieren oder mitunter einen hohen Preis fürs Muttersein zahlen. Wenn ich mir die Abgeordnetenversorgung ansehe, frage ich mich, wer die wirklichen Sozialschmarotzer in diesem Land sind.

»Frauen werden in Deutschland richtig missbraucht.«

Regine Schneider, 64, Mutter einer erwachsenen Tochter, Autorin von über 20 Büchern, darunter *Oh Baby*, das in den 80ern ein Bestseller wurde, *Gute Mütter arbeiten* und *Sieben Gründe, keine Kinder zu kriegen*:

Ich bin mehr oder weniger zufällig Mutter geworden. Wenn ich erstmal »ordentliche Verhältnisse« geschaffen hätte, also mir eine Existenz aufgebaut und dann den passenden Mann dazu gesucht hätte, wäre ich nie Mutter geworden. Ich bin da reingerasselt. Ich lebte damals mit einem Mann zusammen, der partout keine Kinder wollte, aber ich hatte ja noch einen Geliebten, Ismail, Student in Wuppertal. Ich arbeitete bei einer Lokalzeitung, war eine der wenigen Journalistinnen in Deutschland, die über Autos schrieben. Und dann bekam ich das Angebot, als Autoredakteurin nach Hamburg zur Frauenzeitschrift *Brigitte* zu gehen. Mein Traum!

Kaum in Hamburg, endlich auf dem Olymp gelandet, stellte ich noch in der Probezeit fest, dass ich schwanger war. Tja, und dann musste ich mich entscheiden. Aber ich brauchte nur eine Nacht, dann war für mich klar, dass ich dieses Kind bekommen würde. Ich war 36, wollte ja grundsätzlich Kinder, und ich dachte, wenn du jetzt abtreibst, kriegst du vielleicht nie wieder ein Kind.

Trotzdem bin ich erstmal in eine tiefe Depression gefallen. Ich war doch nach Hamburg gekommen, um Karriere zu machen. Ismail, den Vater des Kindes, hatte ich in Wuppertal zurückgelassen, weil ich mir mit ihm keine Zukunft vorstellen konnte.

Als nun meine Pläne so verquer verliefen, wurde ich depressiv. Aber alle, die hörten, dass ich schwanger war, fielen mir mit Tränen in den Augen um den Hals und riefen: »Wie schöööön!« Ich kriegte Kinderwagen, Himmelbettchen und Babysachen angeboten. Konnte mich in der Schwangerschaft vor lauter Glückseligen nicht retten. Jeder sagte: »Boah, toll, die kriegt ein Kind.« Auch in der Geburtsvorbereitung traf ich nur auf selig lächelnde Eltern und Mütter, die ihren Bauch streichelten. Und ich war depressiv, weil alles so unsicher war. Ich nahm psychologische Hilfe in Anspruch. Es wurde besser. Aber kaum dass meine Tochter Selma geboren war, bekam ich eine postnatale Depression. Die Mutterliebe ist sofort nach der Geburt da. Aber sie macht nicht sofort glücklich. Nicht unbedingt. Es gibt Frauen, die sind total happy und alles ist easy und toll. Aber bei mir war das nicht so. Ich heulte und heulte. Und der Besucherstrom im Krankenhaus riss nicht ab. Alle brachten Geschenke, mit denen ich nichts anfangen konnte, große Sonnenblumen zum Beispiel. Am fünften Tag habe ich Ismail vor der Krankenhaustür postiert und ihm befohlen: »Schick alle weg!«

Und dann kam ich mit dem Baby nach Hause und war erst recht völlig überfordert. Man kann sich nicht vorstellen, wie sehr sich das Leben durch ein Kind verändert. Man denkt, man kriegt was Tolles, was Niedliches, so was Ähnliches wie einen Hundewelpen. Um den muss man sich zwar auch kümmern, aber er stellt das Leben nicht komplett auf den Kopf. Mit einem Baby ist man in der ersten Zeit rund um die Uhr fremdbestimmt. Das ist so krass. Ich war am Ende, richtig am Ende. Ich konnte nicht schlafen. Die Hormone sorgten dafür, dass mir der Schweiß ausbrach, wenn Selma nur den leisesten Pieps von sich gab. Ich stürzte sofort zu meinem Kind, um zu sehen, ob es noch lebte. Du bist in einer solchen Ausnahmesituation und niemand hat dich vorbereitet. Wenn du Fernsehen guckst und es werden Bilder vom Krieg gezeigt, fängst du an zu heulen, weil du die Vorstellung nicht erträgst, dass so etwas deinem Baby passieren könnte.

Weil ich alleinerziehend war, Ismail und ich lebten nicht zusammen, kam damals noch das Jugendamt zu Kontrollbesuchen vorbei. Die kamen manchmal um die Mittagszeit und ich war noch nicht angezogen, weil meine Tochter mich so auf Trab gehalten hatte.

Ismail war so anständig gewesen, nach Hamburg zu ziehen, um für sein Kind da zu sein. Aber er konnte die Familie nicht ernähren. Also musste ich drei Monate nach Selmas Geburt wieder arbeiten.

Bei der *Brigitte* wurde ich fairerweise übernommen. Die hätten die Probezeit ja auch nutzen können, um mich zu entlassen. Ich wusste das sehr zu schätzen. Genützt hat es mir allerdings nichts. Denn ich war so was von unfähig in dieser Zeit, ständig müde, überfordert. Und einen Teilzeitvertrag kriegte ich nicht. Deshalb habe ich Selma zur Tagesmutter gegeben. Bis zu 900 Mark habe ich damals für Kinderbetreuung bezahlt, das war echt happig, ein großer Teil meines Gehalts ging dafür drauf. Als Alleinerziehende hätte ich zwar Anspruch auf einen Krippenplatz gehabt. Aber das habe ich mich nicht getraut, weil man als Mutter unten durch war, wenn man sein Kind in die Krippe gab. Das war absolut verpönt. Davon habe ich mich unter Druck setzen lassen. Schon als ich Selma bei der Tagesmutter ließ, musste ich mir von anderen Müttern Vorwürfe anhören: »Warum kriegst du denn erst ein Kind, wenn du es jetzt abschiebst?« Aber die Tagesmutter hatte noch ein Baby zu betreuen, sechs Wochen alt. Dessen Mutter war sehr entschieden: »Ich kann es mir nicht leisten, zu Hause zu bleiben, ich muss arbeiten«, sagte sie. Da waren wir schon zu zweit, mein schlechtes Gewissen war ein wenig beruhigt.

Ismail hat sich zwar ums Kind gekümmert, so gut er konnte. Aber er war vor allem damit beschäftigt, beruflich Fuß zu fassen, hatte nicht immer Zeit. Und er regelte die Kinderbetreuung gerne nach Männerart. Einmal kam ich von einer Dienstreise zurück, freute mich auf Mann und Kind, doch niemand war zu Hause. Ich ging auf den Balkon. Da rief meine Nachbarin von oben: »Regine, rate mal, wer bei mir ist – Selma.«

»Und wo ist Ismail«, fragte ich zurück.

»Ach, unsere Männer sind ins Fitness-Studio gegangen.«

Heute kann ich darüber lachen, damals habe ich getobt.

Ich habe dann beruflich kürzergetreten, wie es so schön heißt. Selma war zehn, elf Stunden bei der Tagesmutter. Und ich war nach zehn, elf Stunden in der Redaktion mit meinen Kräften am Ende, wurde meinem Kind überhaupt nicht mehr gerecht. Weckte sie morgens, brachte sie zur Tagesmutter, holte sie abends wieder ab, brachte sie ins Bett. Also kündigte ich meine feste, unbefristete Redakteursstelle bei der *Brigitte*. Verzichtete auf ein regelmäßiges Gehalt, Rentenansprüche, soziale Sicherheit. Mir hätte sogar eine Betriebsrente zugestanden, wenn ich länger geblieben wäre. Immerhin war die Chefredakteurin so fair, mir einen Vertrag als »feste freie Mitarbeiterin« anzubieten. Damals war ich froh und glücklich, dass ich nicht arbeitslos wurde. Ich bekam eine monatliche Pauschale gezahlt, konnte mir meine Zeit einteilen. Selma habe ich trotzdem noch zur Tagesmutter gegeben, aber nicht mehr so lange. Und trotzdem, immer wenn meine Tochter ein Wehwehchen hatte, musste ich mir anhören: »Du gibst das Kind ja auch den ganzen Tag weg. Kein Wunder, dass das Kind dauernd erkältet ist.«

Diese gesellschaftliche Verlogenheit, die einem vorgaukelt, wie toll es ist, ein Kind zu kriegen, und dass du überhaupt nicht drauf vorbereitet bist, was wirklich auf dich zukommt, hat mich auf die Idee gebracht, mein erstes Buch *Oh Baby* zu schreiben. Ich wollte erzählen, was es wirklich bedeutet, ein Kind zu bekommen. Deshalb habe ich andere Mütter interviewt. Die waren richtig erleichtert, endlich darüber sprechen zu können, wie schwer es mit einem Baby ist. Das Buch hat sich sehr gut verkauft, vielleicht, weil viele Frauen darauf gewartet haben, dass endlich mal eine Mutter die Wahrheit sagt. Später habe ich dann noch das Buch *Gute Mütter arbeiten* geschrieben. Es war interessant, wie die Frauen reagierten, wenn ich in den neuen Bundesländern aus meinem Buch vorlas. Die Mütter dort fragten mich: »Warum muss man im Westen so'n Buch schreiben? Was habt ihr denn für Probleme?« Oder: »Wieso habt ihr denn ein schlechtes Gewissen? Die Kinder werden doch in der Krippe ordentlich betreut. Die werden beschäftigt, kriegen zu essen, haben kleine Freunde.« In der DDR hatten Frauen es leichter gehabt, Familie und Beruf unter einen Hut zu bringen. Da war es selbstverständlich, dass eine Frau arbeiten ging. Nach der Wende hätten wir das ruhig übernehmen können.

Bei den Recherchen zu dem Buch ist mir klar geworden, dass auch ich ein Opfer dieses Mütter-Mythos war, dem wir hier in Deutschland immer noch anhängen. Die Franzosen und Schweden haben ein vollkommen anderes Mutterbild. Für die ist es kein Problem, Kinder betreuen zu lassen. Und dort sind die Betreuungsmöglichkeiten auch um ein Vielfaches besser. Außerdem gibt es hierzulande an jeder Ecke diese hundertprozentigen Supermütter, die sich gegenseitig das Leben schwer machen. Wenn ich mit meiner Tochter auf den Spielplatz ging, nahm ich mir was zu lesen mit. Und erntete böse Blicke von den Müttern, die mit ihren Kindern im Sandkasten saßen und kleine Sandkuchen mit Förmchen ausstachen. Mit diesen Müttern konnte ich nicht reden, fühlte mich sehr einsam. Das ist auch so eine Falle, in die Mütter tappen. Sie zetteln untereinander einen Konkurrenzkampf an: Wer hat das beste, das schönste und das klügste Kind? Es ist auch ein Wahnsinn, wie man sich als Mutter entblödet, alles zu tun, nur damit man dazugehört. Du musst im Kindergarten Kuchen backen, später in der Schule auch. Du musst das Kinderfrühstück ausrichten. Die Kinder müssen bestimmte Sachen anhaben, dazu gehört zum Beispiel die Diskussion über das Für und Wider von Stoffwindeln oder Wegwerfwindeln. Oder diese Debatten über Ernährung. Ich bin auf den Markt gegangen und wollte für mein Kind gesund kochen. Doch meine Tochter hat mir das frische Gemüse um die Ohren gerotzt, wollte nur Hipp aus dem Gläschen. Wieder musste ich mich vor anderen Müttern rechtfertigen, warum ich sie mit Fertignahrung fütterte. Du wirst von anderen Müttern permanent unter Druck gesetzt.

Ich bin davon überzeugt, dass ich beruflich eine ganz andere Karriere gemacht hätte, wenn ich kein Kind bekommen hätte. Und das geht vielen Frauen so. Dass ich ein Kind bekommen habe, hat mein Leben bestimmt und ihm eine völlig andere Richtung gegeben. Wenn ich kaufmännisch versiert gewesen wäre, hätte ich das alles nicht gemacht. Aber ich bin nicht so. Nun kriege ich für mein Lebenswerk eine kleine Rente. Ich habe in Euro und Cent einen hohen Preis dafür gezahlt, dass ich ein Kind bekommen habe. Wenn ich alles zusammenrechne, hat mich meine Tochter ein schickes Einfamilienhaus gekostet. Aber mir ist auch bewusst, dass ich vieles erlebe, weil ich eben diesen Preis gezahlt habe. Und ich habe Glück gehabt mit meiner Tochter. Sie war nicht immer pflegeleicht. Die Pubertät war richtig heftig, da bin ich auf dem Zahnfleisch gegangen, da hätte ich sie am liebsten sonst wohin gewünscht. Aber sie ist ihren Weg gegangen und ist ein gelungenes Kind.

Inzwischen höre ich aber von Eltern, dass sie sagen, wenn sie gewusst hätten, was auf sie zukommt, hätten sie keine Kinder bekommen. Und ich kann das verstehen, auch wenn ich heute froh bin, meine Tochter zu haben. Man macht mit Kindern extreme Erfahrungen, die einen in der Persönlichkeitsentwicklung weiterbringen, und die möchte ich nicht missen. Aber die Gesellschaft redet das Kinderkriegen schön. Frauen werden in Deutschland richtig missbraucht. Sie sollen Kinder in die Welt setzen und niemand sagt ihnen, was sie erwartet – emotional und finanziell. Frauen müssten auch mehr zusammenhalten. Als Frau ist man nämlich immer die Dumme – als Mutter, die zu Hause bleibt, als Teilzeitmutter, als Kinderlose. Kinderlose zu bestrafen, ist für mich die Zuspitzung dieser verlogenen Politik. Ich frage mich auch immer häufiger: Warum sollen deutsche Frauen eigentlich Kinder kriegen? Gibt es nicht genug Kinder auf der Welt?

Geiselhaft Rentenversicherung

Außer Abgeordneten sind es auffallend viele Beamte, vor allem Richter und Professoren, die Kinderlose für den Niedergang der Rentenversicherung verantwortlich machen. Leute, die in der Regel keinen Cent in die Rentenversicherung einzahlen. Sie sprechen, das kann nicht oft genug wiederholt werden, über das Geld anderer Leute. Abgeordnete, Beamte, Berufs- und Zeitsoldaten, Mönche, Diakonissen, geringfügig Beschäftigte, einige Selbstständige und Freiberufler sind nicht verpflichtet, in die Rentenversicherung einzuzahlen. Darüber hinaus gibt es eine Reihe von »Berufsständigen Versorgungkassen«, deren Mitglieder sich ebenfalls – mit dem ausdrücklichen Segen der Politik, die solche Kassen genehmigen muss – aus der gesetzlichen Rentenversicherung verabschieden durften, dazu gehören Anwälte, Ärzte, Apotheker, Tierärzte, Architekten, Notare, Zahnärzte, Ingenieure, in einigen Bundesländern sogar Psychologische Psychotherapeuten. Die Versorgungskassen, in die sie einzahlen, kriegen keine Zuschüsse. Alles in Ordnung, könnte man meinen. Aber wenn Politiker in die Rentenkassen greifen, um Dinge zu finanzieren, die eigentlich alle Steuerzahler berappen müssten, sind diese, in der Regel gut situierten Herrschaften, fein raus.

Es ist in diesem also Land keineswegs so, dass die gesamte arbeitende Bevölkerung mithilft, die Rentenkasse zu füllen. Das müssen nur »abhängig Beschäftigte«, also in der Regel Angestellte und Arbeiter, die per Zwangsmitgliedschaft in Geiselhaft genommen werden, um die Rentenkasse zu füllen. In anderen Ländern Europas gibt es eine Rentenkasse für alle. Nur in Deutschland gibt es eine Art Zwei-Klassen-Gesellschaft.

Vermutlich zeigen Abgeordnete und Beamte nicht ohne Grund so gerne mit dem Finger auf Kinderlose. Die Pensionslasten würden »die öffentlichen Haushalte vollkommen durcheinanderwirbeln«, warnte Reiner Holznagel, Präsident des Bundes der Steuerzahler, im Wirtschaftsmagazin »plusminus«. Ab 2020 müsste in Hamburg »jeder, wirklich jeder Bürger vom Säugling bis zum Rentner rund 900 Euro nur für die Beamtenversorgung bezahlen«, zitieren die Autoren des ARD-Beitrags Expertenberechnungen. In den anderen Bundesländern würde jeder Einwohner zwischen 600 und 700 Euro zahlen müssen, nur um Beamte im Alter zu versorgen.

Es gibt Stimmen die behaupten, die Beamtenschaft sei zu alt, um sie noch in die Rentenversicherung zu integrieren. Die Kosten würden explodieren. Womöglich stimmt das. Aber wie wär's denn mal mit einem Einstellungsstopp für Beamte? Und einer solidarischen Rentenversicherung, in die alle einzahlen, auch Abgeordnete. Ähnlich wie in Österreich, wo ein Großteil der arbeitenden Bevölkerung in die Rentenkasse einzahlt. Oder man schafft eine Basisrente für alle wie in den Niederlanden.

Doch in Deutschland senken Politiker lieber die Rente und erhöhen die Lebensarbeitszeit, was nichts anderes bedeutet, als dass sie den Leuten bares Geld wegnehmen. Und damit das alles nicht so auffällt, schieben sie Kinderlosen die Schuld zu.

Keine freie Berufswahl für Kinderlose

Auch auf dem Arbeitsmarkt sollen sich Kinderlose hinten anstellen. Bundesverdienstkreuzträger, Universitätsprofessor und Verfassungsrechtler Paul Kirchhof will junge Eltern »von Rechts wegen« bei der Bewerbung um Arbeitsplätze »vorrangig« berücksichtigt wissen. Welch ein Glück, dass seine politische Karriere zu Ende war, noch bevor sie begonnen hatte. Auf der Homepage des »Vordenkers und Nachdenkers« sind Sätze zu lesen wie: »Ohne Nachwuchs verdorrt eine Gesellschaft.« Außerdem sagte er: »Zu einem erfüllten Leben gehören normalerweise Kinder.« Kirchhof hat vier Kinder und zwölf Enkel.

Der Jurist steht mit seiner Idee nicht alleine. Auch Bevölkerungswissenschaftler Herwig Birg, Jahrgang 1939, der früher als Dauergast in Talkshows sein verbales Unwesen trieb, würde Frauen wie mich offenbar liebend gern zugunsten einer Mutter aus dem Büro jagen. »Ein neuer Ansatz wäre, freie Arbeitsplätze bei gleicher Qualifikation bevorzugt an Eltern zu vergeben«, sagt er und empfiehlt »eine Mütterquote statt der geplanten Frauenquote«. Denn: »Letzteres ist ein Karriereprogramm für Kinderlose«. Birg hat 2015 auf dem AfD-Parteitag in Bremen einen Vortrag über Demografie gehalten. Da wurde deutlich, wes' Geistes Kind er ist. Seitdem ist es erheblich stiller um ihn geworden.

Doch es sind nicht nur ältere Herren, die für solche Ideen werben: Der Journalist Malte Welding, Jahrgang 1974, hat ein Buch geschrieben: *Seid fruchtbar und beschwert euch!* Stück für Stück weist der Journalist nach, wie schwer es Frauen und Männern in diesem Land als Eltern gemacht wird. Es ist ein gutes Buch. Eigentlich. »Es wird keine Unterteilung geben in egoistische Kinderlose und altruistische Kinderreiche, weil beide Zuschreibungen völliger Blödsinn sind«, verspricht Welding im Vorwort seines Buches. Auf Seite 136 wirft er diesen Vorsatz allerdings über Bord und fordert einen »Babybonus« wie Kirchhof und Birg. »Bei gleicher Qualifikation bekäme der mit Kind eine Stelle. Das wäre hart gegenüber Kinderlosen, gerade gegenüber ungewollt Kinderlosen, aber die gegenwärtige Situation ist hart gegenüber denen mit Kindern – und die müssen schließlich noch ein Kind mit versorgen.«

Frauen sollen sich also erstmal im Kreißsaal qualifizieren, bevor alle Schranken zum Arbeitsmarkt fallen. Erst dann dürften sie richtig arbeiten, könnten alle Möglichkeiten ausschöpfen, um ihren Lebensunterhalt zu verdienen. Je nach Arbeitsmarktlage könnte das im Extremfall bedeuten: Erst wenn alle qualifizierten Jobs mit Müttern und Vätern besetzt sind, kämen kinderlose Frauen und Männer zum Zuge. Wenn sie Pech haben, bleiben für sie nur noch Hilfsjobs. Oder Jobs, für die sie überqualifiziert sind.

Ein Kind als Eintrittskarte für den Arbeitsmarkt, wieder so ein verfassungswidriger Vorschlag, den die Befürworter aussprechen, ohne rot zu werden. Sie fordern nichts anderes als die Abschaffung der Berufsfreiheit, die im Grundgesetz garantiert ist. »Alle Deutschen haben das Recht, Beruf, Arbeitsplatz und Ausbildungsstätte frei zu wählen«, steht in Artikel 12 Grundgesetz, der ebenfalls unter die Ewigkeitsklausel fällt.

Natürlich träfe das auch kinderlose Männer. Aber da für Frauen in Deutschland das Kinderkriegen viel riskanter ist, träfe es sie auch härter. Weldings Buch ist übrigens mit einem Platz im Shop der Bundeszentrale für politische Bildung geadelt worden, jene Bundesanstalt also, die den Bürgern helfen soll, ein besseres »Verständnis für politische Sachverhalte« zu entwickeln. Zeigt, wie hoffähig solche Ideen inzwischen sind.

Neu sind sie nicht.

Ja, ja, man muss vorsichtig sein, wenn man die Nazi-Keule schwingt. Aber es geht nicht anders. Schon die Nazis griffen zu Maßnahmen, Frauen aus dem Job ab ins Kinderzimmer zu scheuchen: Im April 1933 trat das »Gesetz zur Wiederherstellung des Berufsbeamtentums« in Kraft. Ein willkürliches Gesetz, das in 18 Paragrafen festlegte, wen die Nationalsozialisten aus dem Staatsdienst entlassen konnten: »Beamte, die nicht arischer Abstammung sind, sind in den Ruhestand zu versetzen«, hieß es in Paragraf 3. Laut Paragraf 6 konnten »zur Vereinfachung der Verwaltung ... Beamte in den Ruhestand versetzt werden, auch wenn sie noch nicht dienstunfähig sind.«

Dieser Passus wurde vor allem Frauen zum Verhängnis, die tausendfach entlassen wurden. Propagandaminister Joseph Goebbels machte keinen Hehl daraus, was er wirklich unter »Vereinfachung der Verwaltung« verstand. »Die Entfernung der Frauen aus dem öffentlichen Leben, die wir vornehmen, geschieht nur, um ihnen ihre Frauenwürde zurückzugeben«, sagte er. »Die Frau hat die Aufgabe, schön zu sein und Kinder auf die Welt zu bringen.«

Berufstätige Frauen, deren Männer im öffentlichen Dienst arbeiteten, wurden entlassen. Frauen müssten halt Opfer bringen, »um den Arbeitsmarkt zu entlasten«, sagte Kölns Nazi-Oberbürgermeister Günter Riesen.

Und nun sollten Kinderlose Opfer bringen, um Platz zu schaffen für Eltern?

Ab 1936 wurden Frauen nicht mehr als Richterinnen oder Anwältinnen zugelassen. Frauen und Juden wurden aus dem Staatsdienst entlassen.

Ohnehin waren Frauen im Dritten Reich erst mit der Heirat vollwertige Staatsbürgerinnen. »Das deutsche Mädchen ist Staatsangehörige und wird mit ihrer Verheiratung erst Bürgerin«, sagte Hitler. »Frauen sind Staatsangehörige und Arbeitsplatzanwärterinnen. Erst mit der Geburt eines Kindes wird ihnen der Zutritt zum gesamten Arbeitsmarkt gewährt.« Klingt das so viel anders?

Mütter im Job unerwünscht

Heute erleben wir in Deutschland den umgekehrten Skandal. Mütter bekommen keine Jobs, weil sie Kinder haben. Wie die 28-jährige Bürokauffrau, die sich in Nordrhein-Westfalen bei einem lokalen Radiosender beworben hatte. Sie bekam eine Absage. Zu seiner »Entlastung« schickte der Sender ihr die Bewerbungsunterlagen zurück. Die Papiere waren verräterisch. Als sich die Frau ihren Lebenslauf, den sie zuvor an den Sender geschickt hatte, noch einmal genauer ansah, glaubte sie zu wissen, warum sie die Stelle nicht bekommen hatte. »Verheiratet, ein Kind«, hatte sie in ihrer Vita angegeben. »7 Jahre alt!«, hatte ein unbekannter Personalsachbearbeiter mit der Hand danebengekritzelt, ein Ausrufezeichen dahintergesetzt und den ganzen Passus unterstrichen. »Verheiratet, ein Kind. Sieben Jahre alt!«, stand nun da.

Die Frau zog vor Gericht, klagte auf 6 000 Euro Entschädigung wegen Diskriminierung. In der ersten Instanz, vor dem Arbeitsgericht Siegen, verlor sie den Prozess. »Selbst wenn die Beklagte die Klägerin nicht eingestellt haben sollte aufgrund der Tatsache, dass sie Mutter eines siebenjährigen Kindes sei, liegt keine Ungleichbehandlung wegen des Geschlechts vor«, begründeten die Richter ihr Urteil. Die Frau legte Berufung ein. Und bekam schließlich 3 000 Euro zugesprochen.

Doch selbst wenn Frauen klagen und recht bekommen, ist der Preis hoch, wie der Fall von Barbara S. zeigt. Die Betriebswirtin arbeitete für eine renommierte Plattenfirma und hatte sich auf einen höher dotierten Posten beworben. Doch dann wurde sie schwanger. Ein männlicher Kollege bekam den Job. »Sie haben sich eben für das Kind und gegen die Stelle entschieden!«, sagte ihr Chef. Barbara S. klagte. Ihr Chef habe diese Äußerung doch nur als »Trostpflaster« gemeint, musste sie sich von den Richtern des Landesarbeitsgerichts anhören. Ihre Klage wurde abgeschmettert.

Doch Barbara S. gab nicht auf. Sechs Jahre dauerte ihr Kampf. Ein Arbeitsgerichtsurteil, zwei Landesarbeitsgerichtsurteile und zwei Bundesarbeitsgerichtsurteile ergingen, bevor die Plattenfirma verurteilt wurde, Barbara S. eine Entschädigung von rund 17 000 Euro zu zahlen. Das Geld wog den Schaden, den Barbara S. erlitten hatte, nicht einmal ansatzweise auf. Die Plattenfirma hatte ihr noch während des Mutterschutzes gekündigt, obwohl das verboten ist. Lange fand die Betriebswirtin keinen neuen Job. Ihr Name war durch die Presse gegangen und im Internet leicht zu googeln. Fünf Jahre blieb Barbara S. zu Hause bei ihrem Kind. Eine Zwangspause, die sie nicht geplant hatte. Inzwischen lebt sie im Ausland, hat einen neuen Job. Solange Frauen auf dem Arbeitsmarkt derart benachteiligt werden, weil sie Kinder haben, müssen sich Politiker in diesem Land nicht darüber wundern, dass sie sich gegen Kinder entscheiden.

Auch Frauen, die keine Kinder haben, werden im Arbeitsleben diskriminiert, einfach weil sie Frauen sind.

Die bislang wohl höchste Entschädigung erstritt eine Frau 2008 vor dem Landesarbeitsgericht Berlin. Die Richter verurteilten ihren Arbeitgeber dazu, 48 000 Euro zu zahlen, weil die Frau bei der Beförderung übergangen worden war. Mit Hilfe eines mathematischen Gutachtens trat die Klägerin den Beweis an, dass sie mit einer Wahrscheinlichkeit von 99 Prozent diskriminiert worden war. Die Richter fanden das nachvollziehbar. »Heute ist ein Stück Frauendiskriminierung in Deutschland abgebaut worden«, freute sich ihr Anwalt. Er freute sich zu früh. Nur weil so wenig Frauen bei einer Firma in den Chefsesseln säßen, müsse das noch lange nicht bedeuten, dass Frauen diskriminiert würden, entschied das Bundesarbeitsgericht 2010. Statistiken reichten nicht aus, um eine Diskriminierung wegen des Geschlechts zu beweisen.

Mir ist nicht bekannt, ob die Frau wieder einen Job gefunden hat. In Juraforen wird sie jedenfalls »die unter Arbeitsrechtlern prominente Beschwerdeführerin« oder die »streitbare Personalreferentin« genannt.

Elternzeit für Väter?
Risky Business

Doch nicht nur Müttern, auch Vätern wird es im Job schwer gemacht, wenn sie wegen der Kinder pausieren wollen. Der 43-jährige Jens L. blieb ein Jahr zu Hause, um sich um Tochter Lotte (1) und Sohn Jurek (2) zu kümmern. Als er an seinen Arbeitsplatz zurückkehren wollte, war sein Job weg. »Ich kam am 1. September ins Büro. Da saß plötzlich ein Neuer. Er hatte gerade seinen ersten Tag bei uns«, erzählte Jens L. der *Bildzeitung*. Man habe halt nicht so lange auf ihn warten können, soll sein Chef gesagt haben. Und ihm eine andere Stelle angeboten haben, die deutlich schlechter bezahlt war.

Ein Außendienstmitarbeiter kündigte seinem Chef in einer Mail an, dass er Vater werde und Elternzeit nehmen wolle. Anstatt ihm zu gratulieren, bekam der Mann die Kündigung. Der Mann zog vors Arbeitsgericht Iserlohn und bekam recht. Die Firma musste am Ende Gehälter für zwei Jahre und vier Monate nachzahlen.

Ein Journalist, der als »fester freier Mitarbeiter« für einen Radiosender arbeitete, gönnte sich nach der Geburt seines Sohnes Elternzeit. »Feste freie Mitarbeiter« sind moderne Leibeigene. Obwohl sie nicht fest angestellt sind, sitzen sie so gut wie jeden Tag in der Redaktion, nehmen an Konferenzen teil, bekommen Themen zugeteilt. Bezahlt werden sie pro Veröffentlichung oder kriegen eine monatliche Pauschale. Eigentlich sind sie Scheinselbstständige, die Arbeitsministerin Andrea Nahles (SPD) bekämpfen will. Doch für den öffentlich-rechtlichen Rundfunk gelten Sonderregeln. Deshalb sind diese festen Freien immer verfügbar, aber rechtlich nicht so abgesichert wie Angestellte. Für den Radiosender bequem. Für Mitarbeiter riskant, wie der Wirtschaftsjournalist schmerzlich erfahren musste. Als er aus der Elternzeit zurückkam, erhielt er kaum noch Aufträge, obwohl er als Wirtschaftsjournalist einen herausragenden Ruf genoss – über die Grenzen des kleinen Bundeslandes hinaus, in dem er arbeitete. Er zog vors Arbeitsgericht. Und verlor. Feste Freie hätten halt kein Recht darauf, für den Sender zu berichten, meinten die Richter.

Elternzeit kann also auch für Väter zum riskanten Geschäft werden. Zwar nehmen immer mehr Väter Elternzeit – allerdings nur zwei Monate. 90 Prozent wollen schnell zurück in den Job. Das Institut für Demoskopie in Allensbach befragte 2015 über 3 000 Eltern. 45 Prozent, also fast die Hälfte, berichteten davon, dass die Chefs ihnen keine familienfreundlichen Arbeitszeiten eingeräumt hätten. Über ein Drittel der Väter, die Elternzeit genommen hatten, gaben an, es sei beruflich schwierig gewesen. 19 Prozent, also fast ein Fünftel der Väter, verzichtete lieber ganz auf Elternzeit. Aus Angst vor beruflichen Nachteilen. Mehr als die Hälfte der Väter wünschte sich, die Kinderbetreuung teilen zu können. Nicht mal jedem fünften Vater ist das gelungen.

Solange es Väter in diesem Land so schwer haben, ihre Kinder mit zu erziehen, müssen sich Politiker nicht wundern, wenn Männer keine Kinder wollen. Väter sind durchaus gutwillig. Sie scheitern an Arbeitgebern. Und auch die Rentenversicherung belohnt sie nicht, wie die Geschichte von Nils zeigt.

»Die Rentenversicherung fördert das traditionelle Rollenmodell.«

Nils, 62, Filmemacher, zwei Söhne, 16 und 24 Jahre alt:

Ab 30 wollte ich Kinder. Ich fand den Gedanken, Vater zu werden, schön. Als ich meine Freundin kennenlernte, passten Kinder eigentlich gar nicht in unser Leben. Wir arbeiteten beide, waren politisch engagiert, hatten kaum Zeit. Aber dann wurde meine Freundin schwanger und wir freuten uns auf das Kind. Ich war 38, als mein erster Sohn geboren wurde. Meine Freundin hatte eine feste Anstellung. Ich war freier Journalist, arbeitete fürs Fernsehen. Meine Freundin blieb ein halbes Jahr lang zu Hause, dann übernahm ich, während sie wieder voll arbeiten ging, um das Familieneinkommen zu verdienen. Im Sender habe ich ganz stolz erzählt, dass ich nun eine Weile aussetzen würde, um mich um mein Kind zu kümmern. Die Kollegen guckten mich an, als hätte ich nicht alle Tassen im Schrank. Sie warnten mich: »Wenn du das machst, musst du ganz schön rudern, um wieder reinzukommen. Überleg dir gut, ob du das tun willst. Hier wartet eine Heerschar freier Mitarbeiter, die deinen Platz einnehmen wollen.« Ich war schon ein bisschen getroffen, aber irgendwie war es mir dann auch egal, weil ich mich unbedingt um mein Kind kümmern wollte.

Mein Vater war Offizier und konnte sich nicht so um seine Kinder kümmern. Es entsprach auch nicht der Rollenvorstellung, damals in den 50er Jahren. Ich habe mir immer einen Papa gewünscht, der Zeit für mich hat. Und ich wollte gerne ein Vater sein, der Zeit für sein Kind hat. Meine Freundin verdiente gut und wir kauften uns sogar ein Haus. Sie arbeitete, ich kümmerte mich um unseren Sohn. Zwei Jahre lang. Trotz der Warnungen war ich zuversichtlich, dachte, wenn ich zurückwill in den Job, wird es schon irgendwie klappen. Das war ein Irrtum. Als ich wieder arbeiten wollte, kam es genau so, wie meine Kollegen es prophezeit hatten. In der Medienbranche geht es schnell, dass man durch andere ersetzt wird. Man muss ständig präsent sein. Es wurde richtig, richtig schwierig, Aufträge zu kriegen. Ich war auf einem absteigenden Ast angekommen. Ich konnte da nicht einfach wieder hingehen und sagen, ich mache jetzt weiter, wo ich aufgehört habe. Das funktionierte so nicht. Wenn man zwei Jahre aussteigt, verliert man die Kontakte, man rutscht einfach raus. Da waren schon Leute, die meinen Platz eingenommen hatten. Ich musste mir dann andere Vertriebskanäle für meine Produkte suchen. So habe ich noch diverse Jahre in dem Job gearbeitet, aber die aufsteigende Linie, die vorher da war, war unterbrochen. Ich hatte deutlich weniger Aufträge. Und auch die Kinderbetreuung ließ sich schwer mit meinem Job vereinbaren. Es war richtig, richtig schwierig. Wir mussten viel Geld für die Tagesmutter bezahlen. Es war furchtbar stressig, auch weil wir auf dem Land lebten. Ich bin oft mit quietschenden Reifen am späten Nachmittag oder am frühen Abend bei der Tagesmutter vorgefahren, um meinen Sohn abzuholen. Die Tagesmutter hatte zum Schluss schon keinen Bock mehr, weil das Kind von morgens um sieben bis abends um sieben bei ihr war. Und die zwölf Stunden reichten noch nicht mal, um die Arbeit in Hamburg zu erledigen, weil in der Fernsehbranche von freien Mitarbeitern verlangt wird, dass sie mindestens zehn Stunden beim Job sind. Wie soll man das machen, wenn man auch noch zwei Stunden von zu Hause zum Sender und zurück fahren muss? Es funktioniert alles nicht, es sei denn, man wohnt in der Stadt direkt neben dem Sender, dann mag das gehen. Ich kenne jedenfalls kaum Leute, die in der Film- und Medienbranche frei arbeiten und die eine große Kinderschar ihr Eigen nennen. Viele sind kinderlos, weil die Branche es so fordert.

Die Beziehung zur Mutter meines ersten Kindes zerbrach, auch unter der Last, Familie und Beruf unter einen Hut kriegen zu müssen. Als wir uns trennten, war mein Sohn drei Jahre alt. Aber mir war klar, dass ich mich weiter um mein Kind kümmern wollte. Der Mutter meines Sohnes schwebte so ein Wochenendmodell vor, das vorsah, dass ich unser Kind alle 14 Tage hätte sehen können. Da habe ich gesagt: Das kommt für mich überhaupt nicht infrage. Sie hatte ihn sechs Monate und ich habe ihn zwei Jahre betreut, während sie in der Weltgeschichte unterwegs war. Ich wollte auch weiterhin viel Zeit mit meinem Kind verbringen. Aber das musste ich mir vorm Familiengericht erstreiten. Tatsächlich fällte die Familienrichterin ein Urteil, dass mir ein fast hälftiges Umgangsrecht einräumte. Damals noch ein Novum. Das war vor der Änderung des Familienrechts. Als unverheirateter Vater war man noch völlig außen vor. Du hast nicht existiert, es sei denn, um Unterhalt zu bezahlen. Aber die Familienrichterin sagte:»Wissen Sie was, ich muss hier über meinen eigenen Schatten springen, solche Urteile gibt es kaum, die Rechtslage gibt das eigentlich nicht her. Aber ich mache das, weil ich erkannt habe, dass die Beziehung zu ihrem Sohn eng ist und sie sich sehr um ihn kümmern.« Meine Ex-Freundin hat noch mehrmals dagegen geklagt, aber am Ende hat sie verloren und es blieb dabei.

Ich bin dann noch einmal Vater geworden. Mit 45. Trotz der Erfahrung, wie schwer es war, Kindererziehung und Job zu vereinbaren, wollte ich mich auch um mein zweites Kind kümmern. Das war mir genauso wichtig. Die Rechtslage hatte sich inzwischen geändert. Meine Freundin und ich sind dann zum Jugendamt gegangen und haben ein gemeinsames Sorgerecht festgelegt. Es spielte keine Rolle mehr, ob man verheiratet war oder nicht. Es wurde eine Urkunde aufgesetzt – und das war's.

Mein erster Sohn war sieben, als sein Bruder geboren wurde. Ich hatte also ein Kind in der Grundschule und ein Baby. Und um beide wollte ich mich kümmern. Mit den Müttern meiner Söhne habe ich abgesprochen, dass wir uns wochenweise abwechselnd um die Kinder kümmern. Wir haben uns die Kindererziehung also geteilt. In meiner Wohnung richtete ich zwei Zimmer für meine Söhne ein, für jedes Kind eines. In der kindererziehungs-freien Zeit konnte ich arbeiten. Ich konnte aber nur noch Tages-jobs annehmen, war viel als Kameramann im Einsatz. Mit dem Job als Autor, der eigene Filme fürs Fernsehen dreht, war es spätestens mit dem zweiten Kind vorbei. Diese Tagesjobs wurden nicht mehr so gut bezahlt. In den 90ern konnte man noch ganz gut davon leben, aber im Laufe der Zeit wurden die Löhne immer mehr gedrückt. Es wurde immer schwieriger, mit diesen Jobs wirklich ein Auskommen zu erwirtschaften. Meine finanzielle Lage hat sich so zugespitzt, dass ich mir eingestanden habe, dass ich das nicht mehr hinkriege. Ich brauchte geregelte Arbeitszei-ten und ein festes Einkommen.

Ich bin dann in den Schuldienst gegangen. Das war als Quer-einsteiger mit abgeschlossenem Hochschulstudium möglich. Nach dem Diplom hatte mich all die Jahre nie jemand nach mei-nem Abschluss gefragt, plötzlich wurde er wichtig und machte einen Neuanfang möglich. Nun unterrichte ich Kunst und bin Vertretungslehrer. Und das schon seit einigen Jahren.

Meine Söhne sind inzwischen 24 und 16. Meine Beziehung zu ihnen ist hervorragend. Die lieben mich, ich liebe sie. Es ist genau so, wie ich es mir immer gewünscht habe. Aber wenn ich mich damit begnügt hätte, ein Wochenendpapa zu sein, hätte das nicht so geklappt. Der Jüngere lebt ja immer noch bei mir. 14 Tage ist er bei mir, zwei Wochen bei seiner Mutter. Als er 14 war, haben wir ihn gefragt, ob er das überhaupt will. Er hat geantwortet: »Auf jeden Fall. Ich will beide Eltern. Ich will, dass es so bleibt.« Das ist natürlich eine große Freude, wenn man das als Papa so erlebt. Ich merke auch den Unterschied zwischen dem älteren Sohn und dem jüngeren. Mit dem Jüngeren habe ich länger zu-sammengewohnt. Die emotionale Beziehung ist enger. Das Ver-hältnis zu dem Größeren ist distanzierter. Der liebt mich auch, aber er ist nicht so emotional. Der ist zurückhaltender. Auch gerade, weil seine Eltern sich so gestritten haben. Das ist für Kinder ganz schlecht. Kinder ziehen sich in sich zurück und zeigen ihre Gefühle nicht mehr, weil sie in einen Loyalitätskonflikt geraten. Viele Eltern wollen ja, dass ein Kind nur zu ihnen hält. Und das ist der größte Irrsinn, den man Kindern überhaupt antun kann. Eltern müssen ihre Beziehung völlig raushalten, wenn es um das Kind geht. Aber wenn ich ehrlich bin, habe ich das auch erst beim zweiten Kind geschafft.

Gerade versuche ich, mir die Kindererziehungszeiten für die Rente anerkennen zu lassen. Bei der Mutter meines jüngsten Sohnes ist das kein Problem. Sie wird eine Erklärung unterschreiben und der Rentenversicherung gegenüber bestätigen, dass ich unser Kind in den ersten beiden Jahren überwiegend erzogen habe. Das ist für mich auch eine Art Anerkennung. Aber die Mutter meines ersten Sohnes hat sich darauf nicht eingelassen. Sogar vors Sozialgericht bin ich gezogen, um mir die Kindererziehungszeiten für meinen ersten Sohn anerkennen zu lassen. Aber ich bin gescheitert. Erst hat das Gericht von mir verlangt, dass ich Beweise vorlege, dass ich meinen Sohn in den ersten beiden Jahren erzogen habe. Also habe ich meine Terminkalender vorgezeigt. Doch die Richter meinten, das hätte keine Beweiskraft. Der Vorsitzende Richter hat dann die Mutter befragt: »Ich gehe nicht davon aus, dass der Vater ihres Kindes sich das alles ausgedacht hat. Ich gebe Ihnen nun die Möglichkeit, das von sich aus anzuerkennen.« Aber die Mutter meines Sohnes hat das nicht getan. Ihr Anwalt hat ihr davon abgeraten. Wenn sie die Kindererziehungszeiten anerkennen würde, könnte sich das auf das Umgangsrecht auswirken, hat er ihr gesagt.

Ich bin so froh, dass ich das nicht ein zweites Mal durchmachen muss. Die Rentenversicherung will allerdings, dass man vorher klärt, wer das Kind erzogen hat. Nur maximal zwei Monate werden rückwirkend anerkannt. Das ist für mich total lebensfremd. Manchmal weiß man doch noch gar nicht, wer gerade Zeit hat, das Kind zu betreuen. Wenn die Rentenversicherung die Zeiten im Nachhinein ändert, ist das reine Kulanz. Wenn Eltern nicht vorher vereinbaren, wem die Kindererziehungszeiten zugeschlagen werden sollen, schreibt einem die Rentenversicherung Briefe wie diesen: »Sie haben einen Antrag auf Feststellung der Kindererziehungszeiten gestellt. Kindererziehungszeiten können nur dann beim Vater anerkannt werden, wenn dieser das Kind im beantragten Zeitraum überwiegend erzogen hat. Bei gemeinsamer Erziehung des Kindes zu gleichen Teilen erfolgt eine Zuordnung der Mutter.« Wie ungerecht ist das denn? Selbst wenn sich Eltern die Kindererziehung teilen, werden die Zeiten der Mutter zugeschlagen. Das motiviert Väter doch nicht dazu, sich um ihre Kinder zu kümmern und lieber den Müttern die Erziehung zu überlassen, weil es sich für sie nicht lohnt. Unsere Politiker reden gerne von den modernen Vätern und wie viel sie für Kinder und Familien tun. Tatsächlich werden wir wie vor hundert Jahren immer noch benachteiligt und traditionelle Rollenmodelle gefördert.

Die Teilzeitfalle

Der Schriftwechsel, den mir eine Frau vertraulich überlassen hat, stammt aus dem Jahr 2013. Sie ist Akademikerin, hat zwei Kinder und wollte ihre Teilzeitstelle aufstocken, wieder mehr arbeiten, also. Sie arbeitet in einer renommierten, international tätigen Firma. Ihr Chef lehnte ab. Ihr Mann habe ja nun wieder einen Job gefunden, schrieb er seiner Mitarbeiterin. Es gebe also »keine Zwangslage« mehr, die eine Aufstockung von Teilzeit auf Vollzeit rechtfertigen würde. Es sei vielmehr ihr »schlichter Wille«, mehr arbeiten zu wollen. Dabei hatte der Chef durchaus eine volle Stelle im Stellenplan. Er brauchte auch mehr Leute. Am Ende gab er die volle Stelle aber einem Mann.

Dass alte Opas häufig so denken, weiß man. Dieser Chef ist um die 50 und Akademiker. Einer, von dem man erwartet, dass er weiß, dass jeder Mensch möglichst selbst für seinen Lebensunterhalt sorgen sollte, weil in Deutschland – wenn überhaupt – nur diejenigen vor Altersarmut geschützt sind, die viele Jahre arbeiten, gut bezahlt werden und viel in die Rentenkasse einzahlen können – Männer wie Frauen. Und dass Frauen, die im Job kürzer treten, bares Geld verlieren. Zwar kehren fast 60 Prozent der Mütter innerhalb eines Jahres zurück in den Job. Doch die meisten arbeiten in Teilzeit, und zwar selbst dann noch, wenn ihre Kinder zwölf Jahre und älter sind. Von den elf Millionen Menschen in Deutschland, die in Teilzeit arbeiten, sind 80 Prozent Frauen. Dagegen haben 90 Prozent aller Väter einen Fulltime-Job. In der Regel sind es also die Mütter, die nach der Geburt eines Kindes zu Hause bleiben.

Mütter, die eine Auszeit von drei Jahren nehmen und danach drei Jahre in Teilzeit arbeiten, machen nach den Berechnungen des Hamburger Weltwirtschaftsinstituts ein sattes Minus von 200 000 Euro. Für das Geld bekommt man schon ein ordentliches Eigenheim. Selbstredend zahlen Frauen, die kürzer treten, auch weniger Rentenbeiträge. So wird aus der Teilzeitfalle auch noch eine Rentenfalle.

Mütter in Teilzeit verdienen außerdem besonders wenig, oft arbeiten sie unter 20, manchmal sogar unter 15 Wochenstunden. Teilzeitjobs werden deutlich schlechter bezahlt. Im Schnitt gibt es vier Euro pro Stunde weniger. Es gibt Chefs, die lieben Teilzeitkräfte. Nicht nur, weil sie billiger sind. Sie wissen auch: Teilzeitkräfte machen oft Überstunden, um ihre Arbeit zu schaffen. Sie kriegen kein volles Gehalt, arbeiten meist deutlich mehr, als sie müssen. Ein gutes Geschäft für Arbeitgeber. Dass es zig Frauen gibt, die in Teilzeit arbeiten, gerne aufstocken würden, aber am Chef scheitern, ist inzwischen auch Frau Nahles aufgefallen. »Es kann doch nicht sein, dass viele Frauen, die aus familiären Gründen ihre Arbeitszeit reduziert haben, in der Teilzeit-Falle stecken«, sagte die Arbeitsministerin der *Süddeutschen Zeitung* im Herbst 2016. Anfang 2017 hat ihr Ministerium einen Gesetzentwurf vorgelegt, der allen Arbeitnehmern, die ihre Arbeitszeit reduziert haben, das Recht einräumen soll, wieder Vollzeit arbeiten zu können. Davon würden vor allem Mütter, Väter, aber auch pflegende Angehörige profitieren.

Vielen Frauen gelingt der Wiedereinstieg in ihren alten Beruf gar nicht. Oft landen Frauen, die wegen der Kinder aus ihrem Beruf ausgestiegen sind, in schlecht bezahlten Jobs, davor schützt selbst eine gute Ausbildung nicht. Sie schlittern nach der Babypause in den Minijob. Über sieben Millionen Menschen haben in Deutschland Minijobs, das heißt, sie verdienen bis zu 450 Euro pro Monat. Etwa zwei Drittel davon sind Frauen. Wer zu lange im Minijob arbeitet, findet nichts anderes mehr, kann seine Ausbildung, selbst wenn es ein Studium war, mitunter in die Tonne treten. Und die Altersarmut ist ihnen so gut wie sicher. Deutschlands bekannteste Soziologin Jutta Allmendinger hat es mal treffend auf den Punkt gebracht. Das berufliche Potenzial von Frauen werde in Deutschland »verschenkt«. Man könnte auch sagen, es wird auf dem Grabbeltisch des Arbeitsmarktes verramscht. Denn: »Eine Rückkehr in die Vollzeitbeschäftigung ist fast keiner Frau möglich. Der Zugang zu gutem Einkommen und beruflicher Karriere bleibt ihnen meist verschlossen.« Bedeutet: Mütter werden vom Arbeitsmarkt ausgesperrt, ihre Qualifikation entwertet, wie Alexandras Geschichte zeigt.

»Mütter mit Kindern stelle ich nicht ein ...«

Alexandra, 47, Jahre, verheiratet, zwei Kinder, gelernte Krankenschwester, studierte Pflegewirtin, nun Vollzeitmutter:

Kinder zu haben, war für mich ein absoluter Herzenswunsch. Ich komme aus einer Familie mit vier Töchtern. Meine Mutter war nie berufstätig und immer zu Hause. Ich hatte nicht den Eindruck, dass sie damit zufrieden war. Trotzdem wusste ich immer, dass ich gerne Kinder haben wollte. Aber ich bin spät Mutter geworden, mit 36. Ich war viel auf Reisen, habe das unabhängige Leben genossen. Mein Partner, der fünf Jahre jünger ist, wollte auch noch warten.

Nach dem Abitur habe ich Krankenschwester gelernt und auch in dem Beruf gearbeitet. Aber dann merkte ich, dass ich mehr Verantwortung tragen wollte. In Hamburg wurde damals gerade der neue Studiengang »Pflegewissenschaften« eingerichtet. Das habe ich dann studiert. Um mir das Studium zu finanzieren, habe ich weiter als Nachtwache in der Geriatrie gearbeitet, weil ich kein Bafög bekam. Deshalb habe ich auch länger gebraucht und erst nach elf Semestern meine Diplomarbeit geschrieben. Obwohl ich einen sehr guten Abschluss gemacht habe, musste ich leider feststellen, dass es recht schwer ist, als Pflegewirtin einen Job zu finden. Selbst in der Geriatrie, gab es kein Arbeitsfeld für mich.

Ich habe lange, lange gesucht und erstmal weiter als Nachtwache gearbeitet, um Geld zu verdienen. Neun Nächte habe ich gearbeitet, den Rest des Monats hatte ich frei. Von dem Geld, das ich verdiente, konnte ich ganz gut leben. Die Leute in meinem

Freundes- und Bekanntenkreis sagten immer: »Mensch, du hast so einen tollen Abschluss, jetzt mach was draus.«

Tatsächlich habe ich nach langer Zeit und mit viel Glück eine Trainee-Stelle als Assistentin der Leitung eines großen Klinikkonzerns bekommen. »Wenn es gut läuft, haben Sie hier vielleicht eine Perspektive«, sagte mir der Leiter. Weil mir das zu vage war, habe ich die Stelle als Nachtwache weiter behalten. Ich habe also eine Woche in der Geriatrie gearbeitet und in der anderen Woche, in der ich frei hatte, als Trainee in der Klinik. Nachdem das ein halbes Jahr gut geklappt hatte, stellte die Klinik mich fest an, so dass ich den Job als Nachtwache gekündigt habe. Aber schon nach einem Monat wurde mir betriebsbedingt gekündigt, so dass ich in die Arbeitslosigkeit rutschte.

Inzwischen war ich Mitte 30 und ich dachte: Es ist mir jetzt wurscht, was mit dem Beruf ist, ich möchte jetzt einfach gerne Kinder. Mein Partner war nun auch so weit. Als ich schwanger war, bekam ich anfangs noch Arbeitslosengeld, sehr wenig zwar, aber immerhin. Als sich die Schwangerschaft dem Ende zuneigte, habe ich mich nicht mehr beworben. Es war unsinnig, sich mit dickem Bauch vorzustellen. Das habe ich auch auf dem Arbeitsamt gesagt. Die meinten dann: Wenn ich mich nicht mehr aktiv um Arbeit bemühen würde, könnten sie mir auch kein Arbeitslosengeld zahlen. Ich würde dem Arbeitsmarkt ja nicht mehr zur Verfügung stehen. Also kriegte ich auch kein Geld. Auch Hartz IV bekam ich nicht, weil ich mit meinem Freund, von dem ich das Kind erwartete, zusammenlebte. Wir galten als »Bedarfsgemeinschaft«, so dass sein Gehalt angerechnet wurde.

2006, mit 36, kurz vor meinem 37. Geburtstag, habe ich dann meine Tochter bekommen. Ich war überglücklich. Endlich ein Kind. Nachdem unsere Tochter acht Monate alt war, haben wir geheiratet. Wir waren zu dem Zeitpunkt schon zehn Jahre ein Paar, wollten sowieso zusammenbleiben. Außerdem war es steuerlich günstiger und ich war über meinen Mann nun krankenversichert.

Ich habe schnell gemerkt, dass ich gerne Mama war und gerne mit meiner Tochter zusammen sein wollte. Keinen Gedanken verschwendete ich daran, mich schnell wieder zu bewerben, um in den Beruf zurückzukommen. Alle meine Freundinnen, Bekannte und Nachbarinnen arbeiteten nach einem Jahr spätestens wieder.

Mir war schon bewusst, dass ich da eine andere Schiene fahre als andere Frauen. Aber ich wusste einfach: Ich will bei meinem Kind sein. Ich will meine Tochter nicht abgeben. Andere Mütter haben Schreibabys oder Kinder, die total schwierig sind. Aber meine Tochter war immer recht einfach. Ich kam gut mit ihr zurecht, obwohl sie mein erstes Kind war. Es war eine sehr, sehr glückliche Zeit.

Über die Rente habe ich mir nie Gedanken gemacht. Ich dachte immer: Ich bin glücklich, wie es im Moment ist. Habe mich gefreut, dass ich mit Ende 30 noch ein Kind bekommen habe, was ja keine Selbstverständlichkeit ist, manchmal klappt es ja auch nicht.

Ich war also ganz zufrieden mit meinem Leben. Nur meine Umwelt nicht. Viele Leute dachten, ich hätte keinen Beruf und wäre nun froh, dass das als Vollzeitmutter nicht so auffallen würde. Ich habe sie dann aufgeklärt und gesagt: »Klar habe ich einen Beruf, ich habe sogar ziemlich viel Zeit in meine Ausbildung investiert. Aber jetzt, wo ich das Kind habe, merke ich, dass andere Dinge wichtig sind.« Aber die Leute, die ich auf dem Spielplatz traf, haben das nicht verstanden. Sie tadelten mich: »Aber deine Tochter muss doch mal in den Kindergarten. Die Kinder werden da doch viel besser gefördert.« Sie meinten sogar, es sei schlecht für meine Tochter, »nur bei der Mutter zu Hause sein«. Ich musste mir auch oft anhören, wie altmodisch und rückwärtsgewandt ich leben würde. Dass ich mich auf dem Geld eines Mannes ausruhen würde. Und wie unemanzipiert das sei.

Ich war oft so perplex, dass ich gar keine richtige Antwort parat hatte. Ich kriegte immer ein komisches Gefühl im Bauch, wenn ich solche Sprüche hörte. Dann habe ich mit meiner Mutter telefoniert, die ja als Vollzeitmutter nicht mal einen Beruf gelernt hatte. Sie tröstete mich dann, meinte: »Mach, was dein Bauch dir sagt. Wenn du zu Hause bleiben willst, dann mach das. Behalte im Blick, dass die Zeiten heute anders sind. Du kannst dich nicht mehr darauf verlassen, dass der Mann eine dicke Rente kriegt, die er dann mit dir teilt. Aber höre auf deine innere Stimme.« Und genau das habe ich gemacht.

Wir haben dann versucht, ein zweites Kind zu kriegen. Das klappte erstmal nicht, was mich in eine ziemlich tiefe Krise stürzte, weil ich unbedingt ein zweites Kind wollte. Als drei Jahre später endlich mein Sohn geboren wurde, war das für mich ein Riesengeschenk. Ich dachte, natürlich bleibe ich zu Hause, ich genieße jede Minute. Das habe ich mit meinem Mann auch so besprochen. Meine Tochter ging mit dreieinhalb zwar in den Kindergarten, aber ich wollte sie nicht in die Ganztagsbetreuung geben. Ich war froh, dass ich sie nachmittags wieder zu Hause hatte. Sie war müde, sie war bockig und ich wollte für sie da sein. Ich wollte meine Kinder nicht abgeben, um dann wieder in die Tretmühle des Berufslebens zu kommen, nur um den Anschluss nicht zu verpassen. Gerade die Erfahrung, dass man mich betriebsbedingt entlassen hatte, nachdem ich einen Monat fest angestellt gewesen war, hat mir gezeigt, dass in der Arbeitswelt nichts sicher ist. Man kann sich noch so anstrengen und glauben, man würde unentbehrlich sein. Am Ende wird man doch gekündigt.

Inzwischen waren wir von der Großstadt in eine kleinere Stadt umgezogen. Plötzlich traf ich mehr Frauen, die bei ihren Kindern geblieben waren. Frauen, die in Teilzeit arbeiteten, die ganz selbstbewusst sagten: »Ich arbeite nur ein paar Stunden. Ich muss am Nachmittag fit sein. Ich kann nicht den ganzen Tag arbeiten und dann auch noch den Haushalt erledigen und für die Kinder da sein.« Auf den Spielplätzen hatte ich nicht mehr das Gefühl, so eine Exotin zu sein. Es gab mehr Frauen, die ihre Kinder wichtiger nahmen als das berufliche Fortkommen. Da habe ich mich wieder wohlgefühlt.

Als mein Sohn drei Jahre alt war und in den Kindergarten kam, habe ich wieder angefangen, einen Job zu suchen. Ein Jahr lang habe ich gesucht. Dann fand ich einen Job in einer Apotheke, in der ich Medikamente für Krankenhäuser zusammenstellte. Das habe ich vormittags gemacht, sodass ich nachmittags wieder zu Hause war. Der Job war auch ganz sinnvoll, weil ich meine medizinischen Kenntnisse wieder ein bisschen nutzen konnte, auch wenn er nicht gut bezahlt wurde. Mit dem Chef habe ich mich nicht verstanden, sodass ich nach einem Jahr gekündigt habe. Dann habe ich wirklich lange, lange gesucht. Beim Arbeitsamt sagte man mir: »Sie müssen flexibel sein, Sie müssen den Arbeitgebern entgegenkommen.« Das Arbeitsamt hat mich auch zu verschiedenen Veranstaltungen geschickt, bei denen es um die Rückkehr von Frauen in den Beruf ging. Ich kriegte vom Arbeitsamt auch durchaus Angebote. Aber die waren immer schwer zu realisieren. Ich bekam zum Beispiel das Angebot, eine Nachtwache in ihrer Pause zu vertreten, und zwar in der Zeit von 22 Uhr abends bis um vier Uhr morgens. Ich hätte nachts sechs Stunden gearbeitet, dafür wäre der nächste Tag, weil man ja müde ist, völlig durcheinandergeraten. Schlecht bezahlt war der Job auch noch. Ich hätte lieber ganze Nächte gearbeitet anstatt nur ein paar Stunden. Ich bekam auch Angebote von Zeitarbeitsfirmen. Allerdings hatten die nur Jobs in Kliniken, die weiter entfernt lagen. Wie soll ich mit zwei Kindern um sechs Uhr morgens in einer Stadt anfangen, die 20 Kilometer entfernt liegt? Die Wege sind zu weit, da komme ich nicht hin. Ich habe mich ziemlich reingehängt, gesucht und geguckt, aber da war nichts Brauchbares.

Zufällig bin ich dann an einer Wäscherei vorbeigegangen, die eine 450-Euro-Kraft suchte. Ein halbes Jahr habe ich dann tatsächlich als Büglerin in dem Geschäft gearbeitet. Doch dann sagten sie mir, dass ich zu langsam sei. Danach habe ich die Hauswirtschafterin in einem Hotel vertreten. Aber nach sechs

Wochen bin ich auch da gekündigt worden, weil die nicht zufrieden waren. Nachvollziehen konnte ich das nicht, denn vorher hat mir niemand gesagt, was ich falsch mache. Den Job war ich also auch wieder los. Über eine Nachbarin habe ich Kontakt zu einer Frau bekommen, die ihre Mutter besser versorgt wissen will, weil die zusehends dement wird. Außerdem putze ich Ferienhäuser. Der Job ist sehr flexibel, wenn ich Zeit habe, kann ich arbeiten. Meine beiden Jobs, die angemeldet sind, bringen mir zusammen so um die 300 Euro ein. Ich habe schon das Gefühl, dass ich dafür relativ viel unterwegs bin. Es schafft ein bisschen Unruhe im Leben. Ich hätte viel lieber einen besser bezahlten Job mit festeren Arbeitszeiten.

Als ich die Ausbildung zur Krankenschwester gemacht habe, war ich davon überzeugt, dass das ein guter Brotberuf ist, mit dem man immer sein Geld verdient. Das ist aber leider nicht so. Jedenfalls nicht, wenn man zwei kleine Kinder hat. Ich habe an unserem Wohnort alle Kliniken und ambulanten Pflegedienste abtelefoniert oder angeschrieben: »Ich habe Zeit von acht bis 13 Uhr. In dieser Zeit kann ich Sie im Frühdienst verstärken.« Aber ich bekam nur Absagen. Es hieß: »Wir brauchen jemanden, der absolut flexibel ist.« Ich habe auch gehört: »Wir haben schon genug Frauen mit Kindern im Dienstplan. Wir stellen nicht noch eine Mutter ein.« Der Leiter eines Altenheims sagte mir am Telefon glatt: »Frauen mit Kindern stelle ich nicht ein.« Auch die ambulanten Pflegedienste wollen Leute, die möglichst flexibel sind. Ich habe gefragt: »Können Sie für mich als Mutter nicht eine kürzere Tour stricken, so von acht bis 13 Uhr?« Ich bekam zur Antwort: »Nein, das geht nicht, das schafft zu viel Unmut in der Belegschaft, weil die anderen dann auch solche Touren wollen.«

Es kann doch nicht sein, dass man Kinder dem Arbeitsleben anpassen muss. Das Arbeitsleben muss sich den Bedürfnissen der Kinder anpassen. Hierzulande darf man sich in der Arbeitswelt nicht anmerken lassen, dass man Familie hat.

Nun lebe ich also vom Gehalt meines Mannes. Klar, das ist nach dem neuen Unterhaltsrecht riskant. Aber ich kann die Änderung des Unterhaltsrechts sogar nachvollziehen. Aus Sicht der Männer ist es schon gerecht, dass man der Frau in den Hintern tritt und sagt, du kannst dich nicht auf dem Lebensstandard ausruhen, den du hattest, als wir zusammenlebten, du musst arbeiten gehen. Aber aus Sicht der Mütter und Kinder ist es natürlich hart zu sagen: So, das Kind ist drei Jahre alt, nun musst du arbeiten gehen und das Kind muss funktionieren. Die Kinder können ja nicht mal richtig krank sein, weil die Mutter schon wieder in den Startlöchern steht und arbeiten muss.

Nein, ich habe keine Angst, von meinem Mann verlassen zu werden. Ich habe eher Angst davor, dass wir feststellen, wir passen nicht mehr zusammen und dass ich dann trotzdem aus finanziellen Gründen mit meinem Mann zusammenbleibe, weil ich mir den eigenen Ast nicht absägen kann.

Ich habe auch keine Angst, im Alter arm zu sein, aber mir ist bewusst, dass mir das blühen kann. Ungerecht finde ich das nicht. Ich bin für mein eigenes Leben verantwortlich. Ich hätte die Möglichkeit gehabt, meine Kinder in die Betreuung zu schicken, und versuchen können, beruflich früher wieder Fuß zu fassen. Eigentlich kann ich das dem System nicht vorwerfen. Nun ist es so, wie es ist. Die Angst vor der Altersarmut ist bei mir nicht so riesengroß, weil ich denke, das Leben wird sich zeigen und ich werde sehen, was ich dann mache. Ich habe im Leben auch Zeiten gehabt, in denen ich mit wenig Geld auskommen musste. Ich kenne das, glaube nicht, dass mich das so in eine Krise stürzen würde.

Ich finde es nur ungerecht, dass ich so viel Energie in meine Ausbildung und ins Studium gesteckt habe und nun mit jemandem gleichgestellt werde, der die Schule abgebrochen und nie was gelernt hat. Das fuchst mich schon. Dann denke ich: Eigentlich hätte ich was anderes verdient. Trotzdem finde ich nicht, dass man das Muttersein irgendwie belohnen muss, zum Beispiel mit einer Mütterrente. Wenn ich fürs Kinderkriegen einen finanziellen Ausgleich kriege, macht mich das nicht wirklich zufrieden. Deshalb finde ich die Mütterrente keine wirklich gute Idee.

Mir würde viel mehr helfen, wenn es leichter wäre, wieder Fuß im Beruf zu fassen, sodass endlich mal was in Bewegung gerät. Aber ich habe das Gefühl, es bewegt sich nichts auf dem Arbeitsmarkt. Was nicht nur an mir liegen kann. Andere Frauen haben auch gute Ausbildungen und gehen putzen, weil sie nichts anderes finden. Eine meiner Freundinnen ist Speditionskauffrau. Ihr Sohn ist gerade in der ersten Klasse. Auch sie findet nichts, bekommt zu hören: »Wir können Sie nicht einstellen. Was machen Sie denn, wenn ihr Kind krank ist?« Sie findet nicht mal mehr einen Bürojob, obwohl sie nur ein paar Jahre raus ist. Das kann doch nicht wahr sein. Sie hat doch nichts verlernt. Da ist doch im System was falsch, wenn gut ausgebildete Frauen mit Kindern keine qualifizierte Arbeit mehr finden, weil sie eine Weile ausgestiegen sind. Ich kann auch nicht glauben, dass es einen Fachkräftemangel gibt, auch nicht in der Pflege, wenn ich das in der Tagesschau höre, staune ich. Wenn es so wäre, hätte ich längst einen Job.

Wenn ich in meinem Leben etwas bereue, dann das: dass wir nicht früher angefangen haben, Kinder zu kriegen. Dann hätte ich vielleicht noch mehr Kinder. Trotz allem.

Herdprämie Ehegattensplitting

Eigentlich kann der Staat kein Interesse daran haben, dass Frauen wie Alexandra, die noch dazu so hoch qualifiziert sind, zu Hause bleiben oder weniger arbeiten, weil er ja Steuern und Beiträge für die Sozialkassen braucht. Trotzdem unterstützt der Staat das »Ernährermodell«, bei dem der Mann arbeiten geht, die Frau gar nicht oder nur wenig arbeitet, mit einem großzügigen Geschenk namens »Ehegattensplitting«, das auch der Steuerberaterin Reina Becker zum Verhängnis wurde. Eingeführt 1958, zu Adenauers Zeiten. Damals wie heute sorgt das Ehegattensplitting dafür, dass es sich für Frauen, die wegen der Kinder pausieren, unter Umständen gar nicht mehr lohnt, arbeiten zu gehen. Das Ehegattensplitting kann also für eine Frau zur Falle werden, wenn sie wenig arbeitet, nicht viel verdient oder ganz zu Hause bleibt. Der Staat zahlt also schon jetzt eine Art Herdprämie, die er sich pro Jahr 20 Milliarden Euro kosten lässt.

Dass das Ehegattensplitting abgeschafft wird, ist eher unwahrscheinlich. Böse formuliert, könnte man meinen, zu viele ältere Bundestagsabgeordnete und Richter profitierten davon. Selbst der von mir ansonsten hoch geschätzte Bund der Steuerzahler ist dagegen, vermutlich engagieren sich auch dort viele ältere Herren mit antiquiertem Frauenbild. Die Grünen wollen es nur für Ehen abschaffen, die künftig geschlossen werden. Es gibt in diesem Land zu viele Nutznießer, mit denen sich niemand anlegen will. Deshalb ist der Heiratsmarkt unter Umständen »noch immer attraktiver als der Arbeitsmarkt«, wie die Sozialwissenschaftlerin Jutta Allmendinger es einmal sarkastisch auf den Punkt brachte. Aber jetzt wird es wieder Zeit für einen Ausflug in die deutsche Geschichte.

»Mehr Kinder!«

Vögeln fürs Vaterland hat in Deutschland eine lange Tradition. Die Kaiser Wilhelm I., Friedrich III. und Wilhelm II. mussten sich um die Schar ihrer Untertanen keine Sorgen machen. Eine Frau bekam im Schnitt 4,2 Kinder. Die gängigste Verhütungsmethode, vor allem auf dem Land, war der »Coitus interruptus« – die Folgen plärrten in der Regel neun Monate später in der Wiege. Auf Abtreibung stand bis zu fünf Jahre Zuchthaus.

1874 registrierte das Kaiserliche Statistische Amt 42 Millionen Einwohner. 1894 waren es 51,3 Millionen. Und 1914 hatte das Deutsche Reich vor Ausbruch des Ersten Weltkrieges 68 Millionen Einwohner.

Um 1900 erschienen die ersten Aufklärungsbücher. Doch Verhütungsmittel wurden mehr oder weniger heimlich unter dem Ladentisch verkauft. Wo man sie kaufen konnte, erfuhr man durch Mund-zu-Mund-Propaganda. Denn ein Gesetz, das auf Betreiben von Wilhelm II. erlassen worden war, die sogenannte Lex Heinze, verbot die öffentliche Darstellung unsittlicher Handlungen. »Gegenstände, die zu unzüchtigem Gebrauche bestimmt sind, an Orten, welche dem Publikum zugänglich sind, ausstellt oder solche Gegenstände dem Publikum ankündigt oder anpreist«, lautete ein Passus im Gesetz, der die Werbung für Verhütungsmittel verbot. Vorausgegangen war ein Mordprozess gegen das Ehepaar Gotthilf und Anna Heinze. Gotthilf war Zuhälter. Anna Prostituierte. Sie standen 1891 in Berlin vor Gericht, weil sie ein Mädchen sexuell missbraucht und getötet hatten. Zuhälterei und Kuppelei wurden daraufhin unter Strafe gestellt, aber eben auch der Verkauf von Verhütungsmitteln. Die Methoden waren ohnehin archaisch. Kondome aus Schafsdarm oder Fischblase. Seifenlaugen, die mit Gummispritzen in die Scheide gespült wurden. Diese Vorrichtungen hießen »Lady's friend« oder »Sorgenbrecher«. Die besseren Ausführungen waren mit langen Rohren ausgestattet, die sich, für den Fall, dass die Spülung ihre Wirkung verfehlt hatte, gleich für Abtreibungen eigneten. Es gab »Gebärmutter-Obturatoren«, auch »Sterilett« genannt, die in die Scheide eingeführt wurden um zu verhindern, dass der Samen in die Gebärmutter eindrang. Geschwüre, Entzündungen, Blutvergiftungen waren die Folge. Viele Frauen starben.

Ab 1910 ging die Geburtenrate zurück. Die Abgeordneten des Reichstages debattierten alarmiert über ein neues Gesetz zur Bekämpfung der Kurpfuscherei, das unter anderem den »Verkehr mit Gegenständen, die beim Menschen die Empfängnis verhüten oder die Schwangerschaft beseitigen sollen, beschränken oder untersagen« sollte. Man wollte also Verhütungsmittel verhüten, damit die Menschen wieder mehr Kinder kriegten. Der Verkauf sollte mit Geldstrafe oder sechs Monaten Gefängnis bestraft werden. Der Protest ließ nicht lange auf sich warten. Unter der Überschrift: »Mehr Kinder« ließ Herwarth Walden in seiner expressionistischen Zeitschrift *Der Sturm* prominente Stimmen zu Wort kommen. »Es liegt in Deutschland kein Anlass vor, für die Volksvermehrung zu sorgen; der Menschenzuwachs lässt nicht wesentlich nach«, schrieb der Arzt und Schriftsteller Alfred Döblin (*Berlin Alexanderplatz*). »Eine Vorschrift hier überschreitet das Gebiet des rechtlich Bestimmbaren, greift die Menschenwürde an.« Und der berühmte Psychoanalytiker Sigmund Freund meinte: »Das Verbot des ›Verkehrs mit Mitteln zur Verhütung der Konzeption‹ ist eine ganz zwecklose Massregel.«

Doch es war nicht der öffentliche Protest, der das Gesetz verhinderte. Die Vorlage blieb schlicht in der Bürokratie hängen, wurde also verschlampt. Ein zweiter Versuch scheiterte später, weil inzwischen der Krieg ausgebrochen war.

Der Geburtenrückgang rief die ersten Kassandra-Rufer auf den Plan. Einer von ihnen war der Mediziner Carl Tönniges. Der Geburtenrückgang war für ihn »eine Krankheit des Staatsorganismus«. In seinem schmalen Büchlein mit dem Titel *Der Geburtenrückgang und die drohende Entvölkerung Deutschlands* schrieb er 1912: »Die Zahl der Geburten geht in Deutschland immer mehr zurück ... Es ist verständlich, dass dieser systematische Geburtenrückgang eine grosse und berechtigte Beunruhigung im ganzen Deutschen Reiche hervorgerufen hat und von allen Seiten der Ruf nach Abhilfe und Angabe geeigneter Massregeln ertönt.« Tönniges zitiert Generalfeldmarschall Moltke: »Das Wort Moltkes: ›Die Franzosen verlieren durch ihren Geburtenrückgang jeden Tag eine Schlacht‹, wird in absehbarer Zeit auch für Deutschland eine bittere Wahrheit werden.« Der Mediziner sah den Untergang Frankreichs voraus. »Wenn keine Änderung in seiner rapiden Geburtsabnahme eintritt, so ist dieses ›Ende Frankreichs‹ bereits in hundert Jahren zur Wahrheit geworden.« Tönniges irrte. 2012, also 100 Jahre nach der Veröffentlichung seines Büchleins, hatte Frankreich über 66 Millionen Einwohner. Untergang? Je vous en prie, Monsieur Tönniges.

Schuld am Geburtenrückgang in Deutschland waren nach Ansicht von Tönniges natürlich die Frauen, vor allem die aus aus besseren Kreisen. »Die im Wohlleben aufgewachsenen Frauen der höheren Stände« würden »keine größere Zahl von Nachkommen zur Welt bringen, da ihre Geschlechtsorgane degenerieren«, schrieb er.

Berufstätige Frauen waren ihm ein Gräuel. Wenn Frauen arbeiten, habe das nur »die Untergrabung des Familienlebens durch die Berufsarbeit der Frau« zur Folge. Kinderlose verachtete Tönniges: »Sie leben in den Tag hinein, ohne dem Staate Dienste zu leisten, Werte zu schaffen und eine Familie zu gründen.« Er hatte klare Vorstellungen davon, wie viele Kinder nötig seien, um die »Krankheit des Staatsorgansismus« zu heilen: »Vier Kinder« müsse jede Frau gebären, »um den Bedarf an Abgängen zu decken und um einen entsprechenden Bevölkerungszuwachs der Nation zu gewährleisten«. Vier Kinder, alter Schwede, wenn sich die Deutschen daran gehalten hätten, wäre das Land heute völlig überbevölkert.

1913 zuckte eine schwache Gegenbewegung. Die Berliner Ärzte Alfred Bernstein und Julius Moses waren davon überzeugt, dass sich die Lebensbedingungen armer Leute verbessern würden, wenn sie weniger Kinder bekämen. Deshalb setzten sie sich für eine freie Geburtenkontrolle ein. Doch selbst in der SPD waren sie damals nicht wohlgelitten. Kinderkriegen für eine vermeintliche höhere Sache war durchaus populär. Clara Zetkin forderte Proletarierinnen 1913 auf, »Soldaten für die Revolution« zu gebären. Unterstützt wurde sie von Rosa Luxemburg. Die SPD-Reichstagsabgeordnete Luise Zietz, die den Ruf des »weiblichen Bebel« genoss, wies ihre Genossinnen zurecht: Kinderkriegen sei Privatsache, sagte sie und machte sich ebenfalls für die Geburtenkontrolle stark.

Vögeln für den Kaiser

Unterdessen schmiedete Kaiser Wilhelm II. große Pläne für Deutschland. Das Land sollte Weltmacht werden. Der Kaiser wollte einen »Platz an der Sonne«, wie Reichskanzler von Bülow 1897 im Reichstag gesagt hatte. Majestät liebte das Militär, zeigte sich gern bei Schiffstaufen, Paraden, Rekrutenvereidigungen, Aufmärschen und Manövern, die öffentlichkeitswirksam inszeniert wurden. Wilhelm II. stockte sein Heer von 1875 bis 1914 fast auf die doppelte Soldatenzahl auf. Militarismus war im Kaiserreich allgegenwärtig. Der Militärdienst galt als »Schule der Nation«. Ein Mann hatte gedient zu haben. Kinder trugen Matrosenanzüge, lernten in der Schule, warum Frankreich der Erzfeind war, sangen Lieder wie: »Morgen kommt der Weihnachtsmann, kommt mit seinem Gaben; Trommel, Pfeife und Gewehr, Fahn' und Säbel und noch mehr, ja ein ganzes Krieges-heer, möcht' ich gerne haben.«

Als im Juli 1914 der Erste Weltkrieg ausbrach, schwor Wilhelm II. sein Volk ein: »Wir werden uns wehren bis zum letzten Hauch von Mann und Roß.« Rund 13 Millionen Männer zogen in den Krieg, etwa zwei Millionen starben. Ab 1914 gab es bezahlten Mutterschutzurlaub – erstmal nur für Soldatenfrauen, dann auch für alleinerziehende Mütter, deren Männer im Krieg gefallen waren, und das war eine ganze Generation. Gefallen – als Kanonenfutter für den Kaiser. Weltweit gab es rund 17 Millionen Todesopfer, zehn Millionen Soldaten, sieben Millionen Zivilisten.

Der Krieg war noch nicht zu Ende, als sich Politiker schon wieder Gedanken darüber machten, wie man die Menschen dazu zwingen könnte, mehr Kinder in die Welt zu setzen: Im Februar 1918 diskutierten sie im Reichstag ein Gesetz »gegen die Verhinderung von Geburten«. Unter anderem war im Gespräch, den Verkauf von Kondomen zu verbieten. Doch auch dieser Gesetzesvorschlag versandete.

Der Krieg hatte den Deutschen die Lust am Kinderkriegen vergällt. Es fehlten die Männer. In Deutschland lebten über zwei Millionen mehr Frauen als Männer. Die schlechte wirtschaftliche Lage hinderte Frauen daran, Kinder in die Welt zu setzen. Frauen trieben illegal ab, obwohl darauf Zuchthaus stand. Zehntausende bezahlten den Abort mit ihrem Leben.

1926 wurde die Strafe für Abtreibung »abgemildert«. Frauen mussten nicht mehr ins Zuchthaus, sondern »nur noch« ins Gefängnis. Trotzdem trieben rund eine Million Frauen ab, will heißen: Sie hatten mehr Angst vor Armut als vor dem Gefängnis. »Wenn das zweite und dritte Kind kommt, beginnt das Elend. Der Lohn reicht nicht mehr ... Bereits im Mutterleib hungert der kleine Proletarier«, schrieb *Die Kämpferin*, eine »Zeitung für die werktätige Frau«, die das lebendige Museum Online ausgegraben und dankenswerterweise ins Netz gestellt hat.

1927 wurde die Abtreibung aus medizinischen Gründen legalisiert. Die ersten Sexualberatungsstellen wurden eröffnet. Im gleichen Jahr wurde ein »Gesetz zur Bekämpfung der Geschlechtskrankheiten« erlassen. »Die Reichsregierung kann das Inverkehrbringen von Mitteln oder Gegenständen, die zur Verhütung von Geschlechtskrankheiten dienen sollen, von dem Ergebnis einer amtlichen Prüfung abhängig machen und das Inverkehrbringen hierfür nicht geeigneter Gegenstände verbieten. Sie kann auch Vorschriften über das Ausstellen, Ankündigen oder Anpreisen der hiernach zugelassenen Mittel oder Gegenstände treffen«, hieß es in Paragraf 13. Diese amtlichen Prüfungen fanden allerdings nie statt. Sodass Verhütungsmittel praktisch frei verkäuflich waren.

»Volk ohne Jugend«

Vor dem Ersten Weltkrieg war Deutschland ein junges Land gewesen. 45 Prozent der Menschen waren unter 20 Jahre alt. 1936 waren es nur noch 36 Prozent. Außerdem gab es viele alte Menschen. Ihre Zahl stieg von fast 3,6 Millionen im Jahr 1925 auf 5,3 Millionen im Jahr 1939. Es schlug die Stunde der Bevölkerungswissenschaftler.

1932 veröffentliche der Staatswissenschaftler Friedrich Burgdörfer ein Buch mit dem langen Titel *Volk ohne Jugend. Geburtenschwund und Überalterung des deutschen Volkskörpers. Ein Problem der Volkswirtschaft, der Sozialpolitik, der nationalen Zukunft.* Sein Werk widmete er seiner »lieben Frau, der Mutter meiner Kinder«. »Ehe und Mutterschaft« hielt Burgdörfer für den »natürlichen Frauenberuf«.

In seinem Buch ist viel von »biologischer Rohbilanz« und »Menschenumsatz« die Rede. Das deutsche Volk, so schrieb er, befände sich »im Zustand einer schweren völkischen-biologischen Unterbilanz, die – wenn sie nicht ausgeglichen wird – zwangsläufig zum ›Volk ohne Jugend‹ führen muss … Unser Volk gleicht – um ein Bild zu gebrauchen – einer überalterten Flotte, zu deren Ersatz nicht genügend Neubauten auf Stapel gelegt worden sind.« Der Grund: »Groß ist die Zahl der Männer und Frauen, die … nicht willens sind, dem Volk eine ausreichende Zahl von Kindern zu geben, ohne die nun einmal weder Deutschland noch das deutsche Volk auf Dauer bestehen kann.« Denn: »Das deutsche Volk ist mit seiner heutigen Geburtenziffer nicht mehr in der

Lage, seinen Bestand aus eigener Kraft zu erhalten.« Die Folge: »Das deutsche Volk treibt biologisch dem Abgrund zu.« Schnelles Handeln sei nötig. »Unser Volk schwebt in Lebensgefahr.«

Man muss an dieser Stelle einen Moment innehalten und sich ins Gedächtnis rufen, was heutzutage die Kassandra-Rufer für Sätze von sich geben: »Ohne Kinder hat unser Land keine Zukunft«, mahnte Horst Köhler 2004 in seiner Antrittsrede als Bundespräsident. »Schlimmer als der Dreißigjährige Krieg« werde sich die niedrige Geburtenrate auf Deutschland auswirken, prophezeit Bevölkerungswissenschaftler Herwig Birg. »Ohne Nachwuchs verdorrt eine Gesellschaft«, sagt Kirchhof. Und immer wieder liest man von der »demografischen Katastrophe«, die über Deutschland hereinbrechen und die Sozialsysteme ruinieren würde.

Klingt alles sehr ähnlich dem, was Burgdörfer vor über 100 Jahren prophezeite. Und natürlich wollte auch er Kinderlose zur Strafe für ihre Zeugungs- und Gebärunwilligkeit zur Kasse bitten: »Es darf sich einfach nicht mehr lohnen, keine Kinder zu haben.«

Und auch Burgdörfer hatte, wie vor ihm Tönniges, klare Vorstellungen davon, wie viele Kinder das deutsche Volk retten würden: »Zur Erhaltung des Bestandes der Familie wären nach meinen Berechnungen durchschnittlich in jeder überhaupt fruchtbaren Ehe 3,4 Geburten erforderlich.«

Dagegen sind Demografen mit ihrer Forderung von 2,1 Kindern, die jede Frau bitte schön gebären soll, heutzutage geradezu bescheiden.

Nur zwei Kinder? Für Burgdörfer der Untergang Deutschlands. »Bei einem vollständig durchgeführten Zweikindersystem stirbt eine Bevölkerung in rund drei Jahrhunderten aus«, glaubte er. Und zwar »nicht nur rein quantitativ, sondern … auch in qualitativer Hinsicht untergräbt das Zweikindersystem die Zukunft des Volkes«. Ja, richtig gelesen. Burgdörfer glaubte, dass »die Wertigkeit« der Kinder »eines Ehepaares … erst beim vierten oder fünften Kind ihren Höhepunkt« erreichen würde. Mit anderen Worten: Kind eins, zwei und drei sind Versuchsballone. Erst die Ausdauer bei der Zeugung von Kindern würde mit Qualität belohnt. Um diese These zu untermauern, nannte der Bevölkerungswissenschaftler die Namen von berühmten Spätgeborenen: »Dürer, Rembrandt, Bach, Mozart, Schumann, Schubert, Richard Wagner ...«

Zwergfamilien mit nur einem Kind lehnte Burgdörfer entschieden ab.

»Das Kind hat ein natürliches Recht auf Geschwister ... Eine Generation, die ohne Geschwister aufwächst, entbehrt der grundlegendsten natürlichen Schulung zur Gemeinschaft und wahrhaften sozialen Gesinnung. Auch dieser Mangel der unnatürlichen Zwergfamilie erweist sich als ein Schaden für die Kultur des Volkes ...«

An dieser Stelle wird deutlich, wie willkürlich solche Berechnungen sind. Für Burgdörfer waren »Zwergfamilien« mit nur einem Kind ein »Schaden für die Kultur des Volkes«. Diese Eltern hatten ihr Soll nicht erfüllt. Sie hätten noch drei Kinder mehr in die Welt setzen müssen. Ihre Nachkommen müssten sich heute vermutlich den Vorwurf anhören, die Weltüberbevölkerung verursacht zu haben. Menschen als Spielball von Demografen, die sich anmaßen, in die Zukunft sehen und den Menschen Vorschriften machen zu können.

Wie sehr sich Burgdörfer täuschte, wird deutlich, wenn man seine Vorhersagen mit dem vergleicht, was tatsächlich passierte. Ende des Jahrhunderts, so errechnete er, würde es in Deutschland nur noch 31 Millionen Erwerbstätige geben. Falsch. Tatsächlich gab es im Jahr 2000 über 39 Millionen Erwerbstätige. Burgdörfer hatte sich also um fast zehn Millionen verhauen. 2012 arbeiteten über 41 Millionen Menschen in Deutschland. Ende 2016 waren es sogar 43,5 Millionen – so viele wie nie zuvor.

1975 war das Jahr, für das Burgdörfer schwarz sah: Die Zahl der Rentner würde sich bis 1975 verdoppeln, prophezeite er. Zwei Erwerbstätige müssten dann die Altersversorgung eines Rentners zahlen. Doch auch da hatte er sich getäuscht: 1975 lag das Rentenniveau bei fast 53 Prozent. 1962 finanzierten sechs Beitragszahler einen Rentner. 1982 war das Verhältnis 3,5 zu 1. Sicher war nicht alles in Butter. Bis 1982 drohte ein zweistelliges Milliardenloch. Aber so schlimm, wie Burgdörfer es prophezeit hatte, wurde es nicht. Denn obwohl immer weniger Erwerbstätige für Rentner aufkommen mussten, sind die Deutschen auch immer reicher geworden. Auch das hatte Burgdörfer nicht auf dem Zettel gehabt.

Weltüberbevölkerung? Kein Problem für Burgdörfer. Es würde »immerhin noch etwa 300 Jahre dauern«, bis die »mögliche Höchstzahl von 10 Milliarden Erdbewohner erreicht wäre«. Wieder daneben, und zwar um glatte 100 Jahre.

»Selbstverständlich sind alle diese Annahmen bis zu einem gewissen Grade subjektiv und willkürlich«, räumte Burgdörfer ein. »Über ihre Berechtigung lässt sich im einzelnen streiten. Solche hypothetischen Annahmen sind aber unentbehrlich, wenn man überhaupt zu einer zahlenmäßigen Veranschaulichung der ... Entwicklungstendenzen gelangen will.« Und auch heute liest man in dem Buch *Die demografische Lage der Nation*, herausgegeben von der Bundeszentrale für politische Bildung: »Demografische Daten ermöglichen Aussagen über die Zukunft.«

IRRTUM. Das muss man an dieser Stelle ganz laut schreien. Mit solchen hypothetischen Berechnungen wird Politik gemacht und – wie es gerade geschieht – das gesellschaftliche Klima vergiftet.

Völlig willkürlich werden drei bis vier Kinder oder, wie heute, 2,1 Kinder gefordert, damit der »Bestand des Volkes« erhalten wird. »Was demografische Stabilität heißen soll, ist nicht geklärt«, schreibt der 2007 leider verstorbene Soziologe Karl Otto Hondrich in seinem Buch *Weniger sind mehr. Warum der Geburtenrückgang ein Glücksfall für unsere Gesellschaft ist*. Veränderungen in der Bevölkerungsstruktur seien so normal wie »Beben, Fluten und Wirbelstürme«. Oder, drastischer formuliert: Demografie ist gehobene Kaffeesatzleserei.

Burgdörfer, der die Machtübernahme Hitlers begrüßte (»schneller als ... erwartet, ist unserem Volk diese überragende Führerpersönlichkeit geschenkt worden«), hätte wohl nie für möglich gehalten, dass Deutschland den Zweiten Weltkrieg verlieren würde, dass es danach ein Wirtschaftswunder, Kreditkarten, die Pille, Weltraumsatelliten, Laser, Raumfahrt, Mondlandungen, Computertomographie und das Internet geben würde. Globalisierung und Digitalisierung waren Fremdworte. Alles Dinge, die das Leben von Menschen beeinflusst, neue Arbeitsplätze geschaffen und die Produktivität gesteigert haben. Und die nicht vorhersehbar gewesen waren.

Tönniges und Burgdörfer waren nicht die einzigen Kassandra-Rufer. Aber Burgdörfer war es, der der Demografie mit seinem Buch *Volk ohne Jugend* zum Durchbruch verhalf. Er war, wenn man so will, einer der geistigen Väter der Demografie in Deutschland.

Die Nazis machten die Demografen hoffähig. Bevölkerungswissenschaftliche Lehrstühle und Institute schossen in der NS-Zeit wie Pilze aus dem Boden. Die Nazis schufen 20 Einrichtungen dieser Art. Vor 1933 hatte es gerade mal drei gegeben.

Vögeln für den Führer

Bevölkerungswissenschaftler Burgdörfer machte bei den Nazis Karriere. 1935 schrieb er *Deutsches Volk in Not*. 1937 trat er in die NSDAP ein, wurde Honorarprofessor in München und arbeitete unter anderem als Leiter des Bayerischen Statistischen Landesamtes. Er wurde nicht müde, vor dem »Volkstod« durch »Vergreisung« zu warnen.

Die Nazis schlossen, nachdem sie 1933 an die Macht gekommen waren, die Sexualberatungsstellen, die in der Weimarer Republik eröffnet worden waren. Stattdessen gab es nun Eugenikberatungsstellen. Die Nazis wollten nicht nur viele Kinder. Sie wollten vor allem »reinrassigen, erbgesunden Nachwuchs« für den »deutschen Volkskörper«. Frauen galten als »Quelle der Nation«, waren also nichts anderes als Gebärmaschinen. Sie wurden systematisch an den Herd und ins Kinderzimmer gedrängt. »Das Ziel der weiblichen Erziehung hat unverrückbar die kommende Mutter zu sein«, schrieb Adolf Hitler. Sein Propagandaminister Joseph Goebbels sagte: »Den ersten, besten und ihr gemäßesten Platz hat die Frau in der Familie und die wunderbarste Aufgabe, die sie erfüllen kann, ist die, ihrem Land und Volk Kinder zu schenken, Kinder, die die Geschlechterfolge fortsetzen und die Unsterblichkeit der Nation verbürgen.« Auf Abtreibung, ein »Sabotageakt gegen die arische Rache«, stand Gefängnis oder die Todesstrafe.

Die Nazis gewährten frisch Verheirateten ab 1933 ein »Ehestandsdarlehen« von bis zu 1 000 Reichsmark. Mit jedem Kind, das das Ehepaar gebar, verringerte sich die Rate, die die Eltern zurückzahlen mussten. Nach vier Kindern war das Darlehen »abgekindert«, wie es im Volksmund hieß, und musste nicht mehr zurückgezahlt werden. Das Darlehen bezahlten die Nazis übrigens aus der »Junggesellensteuer«, einer Art Strafsteuer für Unverheiratete, die schon Anfang der 30er Jahre eingeführt worden war. Eheleute, die länger als fünf Jahre keinen Nachwuchs bekamen, mussten mehr Steuern zahlen. Das Ehestandsdarlehen ging an den Ehegatten und wurde nur gezahlt, wenn seine Frau ihren Beruf aufgab. Ab 1938 lockerten die Nazis die Vorschriften. Eheleute bekamen das Geld nun auch, wenn die Frau berufstätig blieb. Der Krieg stand bevor. Der Arbeitsmarkt brauchte jede Kraft, also auch Frauen.

Ein Universitätsstudium wurde Männersache. Die Nazis duldeten nur zehn Prozent Studentinnen in den Hörsälen, drosselten die Zahl der Studentinnen von rund 18 300 Frauen, die 1932 im Sommersemester angefangen hatten zu studieren, auf 5 500 im Jahr 1939, also kurz vor Kriegsbeginn. 1944 war das Verhältnis wieder ausgeglichen. Durch den Krieg fehlten Akademiker. Also durften Frauen zurück an die Uni.

Die Nationalsozialisten ließen sich auch sonst eine Menge einfallen, um Leute zum Kinderkriegen zu bringen: 1934 fingen sie an, Eheleute gemeinsam zu veranlagen. Damit wollten sie sogenannte Doppelverdiener bestrafen und erreichen, dass sich das Arbeiten für Frauen nicht mehr lohnte.

1934 erklärten die Nazis den Muttertag zum Feiertag. Das erste Mutterkreuz wurde 1939 Louise Weidenfeller verliehen. Die 61-jährige Münchenerin hatte acht Kinder zur Welt gebracht. »In meinem Staat ist die Mutter die wichtigste Staatsbürgerin«, pflegte Hitler zu sagen. Juden und andere Verfolgte flogen aus den Sozialversicherungen. Millionen Zwangsarbeiter gingen leer aus.

Die Nazis erfanden auch die Kinderbeihilfe, einen Vorläufer des heutigen Kindergeldes. Ab 1936 wurde die Beihilfe für jedes fünfte Kind gezahlt. Ab 1938 für jedes dritte Kind. Frauen, die unfruchtbar waren oder keine Kinder wollten, konnten schuldig geschieden werden. Nach der Scheidungsreform von 1938 galten »Nachwuchsverweigerung« und »Unfruchtbarkeit« als Scheidungsgrund.

Das Ehestandsdarlehen zahlten die Nazis übrigens nur, wenn die Ehe »im Interesse der Volksgemeinschaft« war. Die geplante Ehe meiner Großeltern war es nicht.

Am 14. Juli 1933, vier Monate nach ihrem furiosen Wahlsieg, erließen die Nazis das »Gesetz zur Verhütung erbkranken Nachwuchses«, das am 1. Januar 1934 in Kraft trat. »Erbkrank im Sinne dieses Gesetzes ist, wer an einer der folgenden Krankheiten leidet: angeborenem Schwachsinn, Schizophrenie, zirkulärem (manisch-depressivem) Irresein, erblicher Fallsucht, erblichem Veitstanz, erblicher Blindheit, erblicher Taubheit, schwerer erblicher körperlicher Mißbildung.«

Meine Großtante Marie, die Schwester meines Großvaters, litt unter Schizophrenie, galt fortan als »erbkranker Nachwuchs«. Sie wurde zwangssterilisiert und später ermordet. Ihr Schicksal habe ich in meinem Buch *Maries Mörder* beschrieben. Die Nazis verboten meinem Großvater, meine Großmutter zu heiraten. Mein Vater kam unehelich zur Welt. Hätten die Nazis Wind von der Schwangerschaft meiner Großmutter bekommen, hätten sie sie womöglich zur Abtreibung gezwungen.

Zwei Generationen später will der Staat Frauen wie mir das »Wagnis Kind« schmackhaft machen und lässt Elterngeld springen. Und Bevölkerungswissenschaftler dürfen fast widerspruchslos öffentlich darüber klagen, wie bedauerlich es doch sei, dass so viele gut ausgebildete Frauen kinderlos blieben. Als wären wir besonders gute Zuchtkühe. Der Staat dreht es, wie er es braucht.

Aber zurück zu Burgdörfer. Nach dem Krieg wurde er 1945 zunächst aus allen öffentlichen Ämtern entlassen, weil er während der NS-Zeit eine »Statistik zum Judenproblem« erhoben und die »Gesamtzahl der Juden und Judenmischlinge« erfasst hatte. Darüber hinaus hatte er ein Gutachten über die Deportation der Juden nach Madagaskar fürs Auswärtige Amt verfasst. Doch schon zwei Jahre später wurde er rehabilitiert. Und war weiterhin ein gefragter Bevölkerungswissenschaftler. 1960 wurde er Ehrenmitglied der Deutschen Statistischen Gesellschaft. Burgdörfer starb 1967.

Haben wir die Nazis hinter uns gelassen? Nein, sagt Barbara Vinken, Autorin des Buches *Die deutsche Mutter. Der lange Schatten eines Mythos*: »Die konsequente Verdrängung der Frauen von Arbeitsmarkt, die grausame Beschränkung auf den Herd. Das ist etwas, das nachwirkt.«

Wie recht sie hat, zeigt ein Zitat aus einem Familienbericht der Bundesrepublik Deutschland. Die Sachverständigenkommission schlug der Bundesregierung vor, »die Auswirkungen einer verstärkten Erwerbstätigkeit auf das Geburtenverhalten zu untersuchen«. Grund: »Könnte man nachweisen, daß die verstärkte Erwerbstätigkeit verheirateter Frauen während der Zeit, in der die größte Zahl der Kinder geboren wird, zu einem Geburtenrückgang führt, der die Erhaltung der Bevölkerungszahl in Frage stellt, wäre der Staat legitimiert, einer solchen Entwicklung entgegenzuwirken.«

Frauen sollten also wieder aus dem Beruf gedrängt werden, um mehr Kinder zu gebären. Der Bericht stammte übrigens nicht aus den 1950er Jahren. Er war der dritte Familienbericht. Erschienen im Jahr 1979.

Oder wie wär's hiermit: »Der Leistungswille der Frau lässt die Freude an Kindern in ihrer Seele vertrocknen«, schrieb der Neurologe und Psychiater Holger Bertrand Flöttmann. Frauen, die studierten und zu viel Zeit in ihre Ausbildung investierten, müssten sich den »Kinderwunsch mühsam erarbeiten, weil sie ihren Verstandesapparat überentwickelt« hätten. Kein Zitat aus der NS-Zeit oder den 50er Jahren. Flöttmann wurde 1946, also nach dem Krieg geboren. Sein Gastbeitrag, in dem diese Sätze zu lesen waren, erschien in der *Frankfurter Allgemeinen Zeitung*. Im Jahr 2005.

»Alt + kinderlos = einsam – über dieses Vorurteil kann ich nur lachen.«

Hannelore Wittkowski, 79, Dozentin für Sozialpädagogik:

Ich war acht Jahre alt, als die Nazis meiner Mutter das Mutterkreuz für ihr viertes Kind, meine Schwester Katharina, verliehen. Das war 1941. Wir Kinder gingen mit unserer Mutter zur Verleihung. Sie fand in einem geschmückten Theatersaal statt. Meine Mutter war nicht die einzige Frau, die ausgezeichnet wurde. Viele Frauen waren gekommen, aber es waren keine Männer da. Ich sehe dieses Kreuz noch auf diesem Samtkissen liegen. Es war schwarz-weiß. Wir Kinder standen drumrum und staunten. Meiner Mutter war das eher peinlich. Sie fühlte sich nicht geehrt, wollte gar nicht zur Verleihung, aber diese Veranstaltung war ein Muss.

Vier Jahre später, am 27. Januar 1945, mussten wir aus Ostpreußen, wo wir lebten, fliehen. Die Rote Armee war im Anmarsch. Mein Vater, der kein Soldat war, weil er ein Unternehmen gehabt hatte, wollte uns zu einer Bahnstation bringen. Von dort aus sollte die Reise weiter nach Gotenhafen gehen, dem heutigen Gdynia in Polen. Wir wollten auf die *Wilhelm Gustloff*. Das Schiff sollte am 30. Januar in See stechen und uns über die Ostsee in Sicherheit bringen.

Es lag meterhoch Schnee, als wir mit der befreundeten Familie eines Zahnarztes aufbrachen. Meine Mutter war hochschwanger, erwartete ihr fünftes Kind. Doch das Pferd, das den Schlitten mit uns und all dem Hausrat ziehen sollte, blieb immer wieder stehen. Nichts half, kein gutes Zureden, kein Schimpfen. Der Gaul hatte seinen eigenen Willen.

Ich sehe noch heute, wie sich, als wir am Bahnhof ankamen, die Schranken vor unserem Schlitten senkten. Und der Zug, der uns zur *Gustloff* hätte bringen sollen, vorbeifuhr. Es war der letzte Zug nach Gotenhafen. Wir hatten das Schiff verpasst. Wie meine Eltern sich da gefühlt haben, habe ich nie erfahren. Darüber wurde nicht geredet. Es muss furchtbar für sie gewesen sein. Doch Aufgeben kam nicht infrage, wir mussten ja irgendwie weiter.

Wir stiegen in einen Zug mit tausend Kindern, die wegen des Krieges aufs Land »verschickt« und in Sicherheit gebracht werden sollten. Der Zug fuhr von Danzig nach Kiel, in zehn Stunden, hieß es.

Ich habe den Ernst der Lage gar nicht begriffen, tobte durch die Waggons, spielte mit den anderen Kindern. Der Zug fuhr langsam, blieb dauernd stehen, weil der Heizer nicht genügend Kohlen hatte. Nach zwei Tagen blieb die Eisenbahn wieder mal liegen – und fuhr dann gar nicht mehr weiter. In der Ferne grollten die Kanonen. Die Russen waren im Anmarsch. Mein Vater und sein Freund, der Zahnarzt, gingen nach vorne und stellen fest, dass die Lok fehlte. Auch der Lokführer war weg. Er hatte die Lokomotive abgekoppelt, war geflohen und hatte uns im Stich gelassen. Nun standen wir da, mitten in der Pampa. Es schneite. Und schneite. Langsam wurde die Schneedecke auf dem Zug immer dicker. Die Räder froren fest. In den Waggons wurde es kälter und kälter. Mein Vater und sein Freund, der Zahnarzt, stapften durch den Schnee ins nächste Dorf und schlugen Alarm: »Da friert ein Zug mit tausend Kindern ein!«

Wenig später kam ein Schneepflug und befreite uns. Den beiden Männern gelang es sogar, eine neue Lok samt Führer zu organisieren, sodass wir weiterfahren konnten. Langsam kämpfte sich der Zug durch den Schneesturm. Es dauerte. Und dauerte. Immer, wenn wir in einem Bahnhof ankamen, reichten die Menschen heiße Getränke für uns Kinder durch die offenen Fenster in die Waggons. Aussteigen durften wir nicht.

In Güstrow verließen wir den Zug, weil meine Mutter kurz vor der Niederkunft stand. Wir kamen im Haus einer Frau unter, die 60 Flüchtlinge aufgenommen hatte. Dort wurde am 11. März, also anderthalb Monate nachdem wir aus Ostpreußen geflohen waren, meine Schwester Juliane geboren. Ich sehe noch, wie meine Mutter sie in einem kleinen Waschbecken wusch.

Mein Vater organisierte ein Auto, einen Opel P4, mit dem wir weiter nach Schleswig-Holstein fuhren. Juliane war gerade sechs Wochen alt. Aus Angst, von Tieffliegern abgeschossen zu werden, fuhren wir nur nachts.

In Schleswig-Holstein gehörten wir zu den ersten Flüchtlingen. Wir waren nicht willkommen, kamen in einem leeren Haus unter. Meine Eltern nähten Säcke und füllten sie mit Stroh, auf denen wir schliefen. Von dort ging es weiter. Erst nach Hamburg und dann nach Hameln, wo wir wieder zur Schule gingen und sich das Leben normalisierte.

Ich kann mich nicht mehr daran erinnern, wann und wie wir erfahren haben, dass die *Wilhelm Gustloff* am 30. Januar 1945 von einem russischen U-Boot versenkt wurde. Und dass viele Passagiere an Bord, es waren mehrere tausend, ertranken. Erst viel, viel später, als ich schon älter war, habe ich begriffen, dass der lahme Gaul uns damals wahrscheinlich das Leben gerettet hatte.

Mein Vater machte sich nach dem Krieg wieder selbstständig, doch er ging in Konkurs. Meine Mutter brachte die Familie mit ihrer Handarbeit, sie war Schneiderin, durch. Deshalb habe ich Frauen immer als stark erlebt, Männer als eher schwach.

Wir waren ja nun zwei Jungen und drei Mädchen. Alle mussten im Haushalt helfen, Bettwäsche aufhängen, sie durch die Mangel drehen. Als ältestes Mädchen musste ich oft auf meine Geschwister aufpassen. Mir folgte immer ein Schweif von Kindern, für die ich verantwortlich war. Wahrscheinlich habe ich später deshalb auch einen pädagogischen Beruf ergriffen. Obwohl ich eigentlich Innenarchitektin werden wollte. Ich hatte mir schon eine Lehre beim Tischler besorgt und den Vertrag unterschrieben. Doch meine Mutter meinte: »Erst sind die beiden Jungen dran.« Im Klartext hieß das: Ich sollte möglichst schnell eine Ausbildung machen, um selbstständig zu werden. Um Innenarchitektin zu werden, hätte ich nach der Lehre aber noch studieren müssen. Und das war einfach nicht drin. Also lernte ich Erzieherin, war mit 19 fertig und verdiente mein eigenes Geld. Das war 1957. Den Muff dieser Jahre habe ich natürlich mitgekriegt, Frauen hatten ja offiziell nichts zu melden, aber das habe ich einfach belächelt. Ich war arrogant genug, mein Ding zu machen.

Nach der Ausbildung habe ich sieben Jahre lang in einem Heim mit emotional auffälligen Jugendlichen gearbeitet. Wir hatten eine Leiterin und keine männlichen Kollegen. Erzieherin war damals wie heute ein Frauenberuf.

Dann wäre es allmählich Zeit für Mann und Kinder gewesen. In meiner Generation gehörte es noch zur Bestimmung einer Frau, Mutter zu werden. Ich hatte zwischendurch schon mal den Wunsch nach Kindern. Aber der Mann, den ich liebte, war verheiratet. Er hätte sich nicht getrennt und mir war klar, dass ich alleine geblieben wäre. Vielleicht hätte ich es geschafft, ein Kind alleine zu erziehen. Aber das war nicht mein Lebenskonzept. Und auch später habe ich nie so viel Vertrauen in eine Beziehung gesetzt, dass ich Kinder gewollt hätte. Außerdem habe ich große Kraft aus meinem Beruf gezogen. Ich hatte ja auch immer mit jungen Menschen zu tun, mit Schülern, später mit Studenten.

Als kinderlose Lehrerin habe ich oft Lückenbüßerin spielen müssen. Mein Name stand immer dann im Stundenplan, wenn die Mütter ihre Kinder aus dem Kindergarten abholen mussten oder aus anderen familiären Gründen keine Zeit hatten. Die Mütter bestimmten den Stundenplan, so wie er in ihr Lebenskonzept passte, ohne mich groß zu fragen. Als Nicht-Mutter hatte ich meistens nachmittags Unterricht, wenn die Studenten in den Seilen hingen. Manchmal war ich schon ganz schön grantig, weil ich auch mal gerne mittags fertig gewesen wäre.

Meine Kollegen und Kolleginnen haben sich nicht getraut, meinen Lebensstil als Kinderlose zu kommentieren. Aber wenn ich Auszeiten nahm, um zum Beispiel in den USA zu studieren oder um ins Kloster zu gehen, dann teilte sich das Kollegium in drei Gruppen: Die Gruppe, die mich beglückwünschte: »Toll, dass du das machst.« Die zweite Gruppe sagte: »Ach, ich würde ja auch so gerne, aber …« Und dann war da noch die Gruppe der Neider, die gemosert hat: »Muss das denn schon wieder sein?« Das waren die Kolleginnen und Kollegen mit Kindern, die gebunden waren.

Ich bin im Laufe meines Lebens oft gefragt worden: »Warum hast du denn keine Kinder? Du bist doch soooo eine Mutter Courage. Du hättest doch sechs Kinder haben können. Das hätte doch soooo zu dir gepasst.« Es waren meistens Frauen, die mit so was ankamen. Ich habe geantwortet: »Ist mein Leben denn weniger wert als das einer Mutter?« Die Frauen schwiegen dann betreten. Ich habe oft erlebt, dass sich Frauen überlegen fühlten, weil sie verheiratet waren und Kinder hatten. Unterschwellig gaben sie mir das Gefühl, kein vollwertiges Mitglied der Gesellschaft zu sein. Dass sie was Besseres seien mit ihrer Familie. Aber ich habe mir viele Beziehungen angesehen und gedacht: So möchte ich nicht leben. Die Frauen waren von ihren Männern finanziell abhängig und ihnen manchmal sogar hörig. Das wollte ich nicht. Manchmal war bei diesen Frauen auch Neid im Spiel, Neid auf mein freies Leben. Ich war beruflich ausgefüllt, finanziell unabhängig, konnte mir alles leisten.

Meine Schwester Juliane, die 1945 auf der Flucht geboren worden war, hatte auch keine Kinder. Sie trennte sich nach sieben Jahren Ehe von ihrem Mann. Am Anfang eines jeden Monats hatte er ihr für jeden Tag einen Umschlag gegeben. In jedem Kuvert steckten zehn Mark für jeden Tag des Monats. Haushaltsgeld. Irgendwann hat sie sich das nicht mehr gefallen lassen. Sie arbeitete ja selbst, war Sparkassenkauffrau. Also reichte sie die Scheidung ein. Dass sie keine Kinder hatte, erleichterte ihr den

Neuanfang. Sie machte Karriere, wurde Filialleiterin einer Sparkasse. Wir reisten viel zusammen, kehrten aber immer zurück in unser eigenes Reich.

Mit 60 ging sie in Vorruhestand. Ich war schon in Rente. Wir beschlossen, uns zusammenzutun, fanden eine große Altbauwohnung und gründeten eine WG. Das war 2007. Das war eine gute Idee. Wir teilten uns alle Kosten, waren nicht alleine. Leider wurde Juliane dann schwer krank. Brustkrebs. Nachdem die Krankheit diagnostiziert worden war, hatte sie noch dreieinhalb Jahre. Aber sie hat sich nicht fallen lassen. Sie hat nicht ihre Krankheit, sondern den Rest Gesundheit genutzt und gelebt. Ich musste sie nicht pflegen, aber ich habe sie in den Tod begleitet.

Auch nach ihrem Tod bin ich nicht alleine. Ich bin ein sehr kontaktfreudiger Mensch, habe Freunde im In- und Ausland. Und zwei Familien: die Familie meiner Nichte und die meiner Patentochter, die zwei Kinder hat, für die ich eine Art Großmutter bin.

Abgesehen von ein paar Kleinigkeiten bin ich ziemlich fit. Das erstaunt mich auch immer wieder, dass alle Welt davon ausgeht, dass Menschen, die alt sind, automatisch auch Pflegefälle werden. Alt und kinderlos gleich einsam – über dieses Vorurteil kann ich nur lachen. Wenn dieses Buch erscheint, feiere ich hoffentlich gerade meinen 80. Geburtstag. Drei Tage lang. Von Freitag bis Sonntag. Ob ich das durchhalte? Also, was für eine Frage? Das werden drei wunderbare Feiertage.

Ach ja, fast hätte ich vergessen, noch zu erzählen, wie mich das Mutterkreuz, das die Nazis meiner Mutter verliehen hatten, Jahre später einholte. Ich war an einer evangelischen Fachschule angestellt, die zur Inneren Mission gehörte. Nach 25 Jahren kriegen die Mitarbeiter dort alle ein silbernes Kreuz. Das sollte ich natürlich auch haben, um es mir an die Bluse zu stecken. Aber ich habe abgelehnt. Alle waren entsetzt, der Vorstand, der Schulleiter. Sie konnten nicht begreifen, warum ich dieses Kreuz nicht haben wollte. Aber ich konnte es nicht annehmen. Ich dachte, nee, ich habe hier ein Vierteljahrhundert gerne gearbeitet, aber mich jetzt auszeichnen zu lassen mit einem Kreuz, nein, das geht nicht. Es erinnerte mich zu sehr an das Kreuz auf dem Samtkissen.

Ein Familienministerium gegen die »wachsende Überalterung des Volkes«

Die »grausame Beschränkung auf den Herd« war 1949 mit den Nazis nicht überwunden. 1953 gründete Bundeskanzler Konrad Adenauer (CDU) das Bundesministerium für Familienfragen. Er wollte der »wachsenden Überalterung des deutschen Volkes« eine »zielbewusste Familienpolitik« entgegensetzen. Das Familienministerium wurde also nicht nur gegründet, um Familien das Leben zu erleichtern, sondern in allererster Linie, um das Volk zum Kinderkriegen zu bewegen.

»Die wachsende Überalterung des deutschen Volkes steigt andauernd«, klagte Adenauer in seiner Regierungserklärung. »Helfen kann nur eines: Stärkung der Familie und dadurch Stärkung des Willens zum Kind. Die ganze Entwicklung unserer Zeit ist der Gründung einer gesunden Familie abträglich … Dieser Entwicklung durch zielbewusste Familienpolitik entgegenzuwirken, ist ein wesentliches Anliegen der Bundesregierung. Sie wird alles dazu tun, um die Familie zu fördern, denn nur so kann auf natürliche Weise den Gefahren gegengesteuert werden, die sich aus der jetzigen Lage für das Volksganze ergeben. Das Gewicht, das die Bundesregierung in seiner Regierungserklärung den bezeichneten Aufgaben beimißt, kommt darin zum Ausdruck, daß ein Ministerium gebildet wird, das sich eigens nur ihrer annimmt.«

Mit dem Amt des Familienministers betraute Adenauer Franz-Josef Wuermeling. Der Staatswissenschaftler war seit 1945 Mitglied der CDU, verheiratet und Vater von fünf Kindern. Nach dem Abitur hatte er Jura und Volkswirtschaft studiert und promoviert. Außerdem war der erste Familienminister erzkatholisch, gehörte der »Fides Romana« (Treue zu Rom) an, einer Vereinigung von etwa 3000 katholischen Männern, die sich als »Garde des Papstes« fühlten.

Wuermeling redete gern und viel, brüstete sich damit, in drei Jahren, von 1953 bis 1957, 450 Reden gehalten zu haben. Er stand also alle zwei, drei Tage vor Publikum und sprach. Über die Familie, die Rolle von Müttern, über das Übel der Emanzipation. Frauen seien das »Segen spendende Herz der Familie«, sagte er. Spätestens nach der Geburt ihres ersten Kindes gehöre eine Frau an Herd und Kinderbett, um dort ihrer »ureigensten Verantwortung« gerecht zu werden. Die Berufstätigkeit von Frauen war für den Familienminister nichts weiter als ein »erzwungenes Unheil«, »dem mit aller Kraft entgegenzuwirken« sei. Wenn Frauen arbeiteten, würden Ehen ruiniert und weniger Kinder geboren. Die Leute sollten vögeln fürs Vaterland. Nein, nicht für die Rentenversicherung, die kam erst später, sondern gegen den Kommunismus. »Millionen innerlich gesunder Familien mit einer gesunden Schar rechtschaffen erzogener Kinder sind als Sicherung gegen die drohende kommunistische Gefahr der kinderfreudigen Völker des Ostens mindestens so wichtig wie alle militärischen Sicherungen«, glaubte Wuermeling.

Die Alliierten hatten die Kinderbeihilfen, eine Erfindung der Nazis, abgeschafft. Der Familienminister führte sie als Kindergeld wieder ein. Mit dieser kleinen Finanzspritze wollte Wuermeling den Frauen die Entscheidung, zu Hause bei ihren Kindern zu bleiben, erleichtern. »Nicht zuletzt ... treiben wir ja Familienpolitik mit dem Ziel einer Verbesserung der wirtschaftlichen Existenzgrundlagen unserer Familien – durch Kindergeld und Steuererleichterungen –, weil wir unsere Mütter von dem Gewissenszwang befreien wollen, sich gegen ihren Wunsch und Willen ihrer hohen Mutteraufgabe zu entziehen, in der sie im Grunde unersetzlich sind.«

Eheleute, die berufstätig waren, wurden grundsätzlich zusammen veranlagt. Für Frauen lohnte sich das Arbeiten deshalb kaum, weil die Progression ihr Gehalt fraß. Der Volksmund spottete über die »Ehestrafsteuer«. Doch der Familienminister lehnte die getrennte Veranlagung von Ehepaaren ab. Grund: Er wollte die Frauen nicht ermutigen, arbeiten zu gehen.

1957 wusch das Bundesverfassungsgericht der Regierung, salopp gesagt, den Kopf. Die zwangsweise Zusammenveranlagung von Eheleuten sei verfassungswidrig, entschieden die Richter. Frauen hätten das gleiche Recht, Geld zu verdienen wie Männer.

Die Adenauer-Regierung erfand daraufhin zerknirscht das Ehegattensplitting. Damit schlug man zwei Fliegen mit einer Klappe: Die Bundesregierung beugte sich dem Urteil des Verfassungsgerichts. Dennoch belohnte sie die von ihr so geliebte Hausfrauenehe. Denn je weniger ein Ehepartner, damals wie heute meist die Frau, verdiente, desto größer war und ist der Steuervorteil. »Wenn wir den Splitting-Tarif einführen, dann tun wir damit ... in besonderer Weise auch etwas zugunsten der nicht berufstätigen Hausfrauen und Mütter, zugunsten jener Mütter, die ihre schönste und wichtigste Aufgabe darin sehen, das Heim, die Familie, die Kinder und den Haushalt zu betreuen ... Das ist eine sehr schöne Form der Herstellung der Gleichberechtigung der nicht berufstätigen Frau und Mutter, die in der Vergangenheit leider viel zu kurz gekommen ist«, freute sich Wuermeling.

Sein Weltbild stand übrigens völlig im Einklang mit dem Bürgerlichen Gesetzbuch. Bis im Juli 1958 das Gesetz über die Gleichberechtigung von Mann und Frau in Kraft trat, waren Frauen fast so etwas wie die Leibeigenen ihrer Ehemänner. Der »Gehorsamsparagraph« § 1354 BGB bestimmte, dass der Mann »in allen das gemeinschaftliche eheliche Leben betreffenden Angelegenheiten« entscheiden durfte. Die Frau musste im Betrieb ihres Mannes arbeiten, wenn er es von ihr verlangte – ob sie wollte oder nicht. Frauen durften nicht über ihr eigenes Vermögen bestimmen, konnten keine Bankkonten ohne Erlaubnis ihrer Männer eröffnen. Arbeiten durften sie nur, wenn der Beruf mit ihren Pflichten in Ehe und Familie vereinbar war. Ein Mann konnte die

Stelle seiner Frau fristlos kündigen. Er musste die Frau nicht mal vorher informieren. Dr. Lore Maria Peschel-Gutzeit, die ehemalige Justizsenatorin von Hamburg und Berlin, beschreibt in dem Vortrag über »Die Entwicklung des Familienrechts in der BRD«, wie sie als Familienrichterin Männer erlebte, die sich scheiden ließen, weil »Staub auf dem Schrank« lag. »Das war damals ein Scheidungsgrund, nämlich ein ehewidriges Verhalten.« Wegen der Staubschicht auf dem Schrank hätten die Ehemänner dann gleich auch noch die Arbeitsstellen ihrer Frauen gekündigt. »Sie kam am nächsten Morgen zur Arbeit und der Arbeitgeber sagte: Sie können gleich wieder nach Hause gehen, Sie sind entlassen. Ihr Mann hat gekündigt. Das alles war Wirklichkeit«, erinnert sich die Juristin, die sich heute fürs Familienwahlrecht starkmacht.

Vögeln für die Rentenkasse

Hitler hatte die Rentenkasse geplündert, um seinen Krieg zu finanzieren. Altersarmut war nach 1945 allgegenwärtig, betraf fast jede Familie. Es gab Millionen Kriegsopfer zu versorgen. Ein Arbeiter bekam im Schnitt 90 Mark pro Monat, ein Angestellter 140 Mark. Deutschland war Wirtschaftswunderland. Nur die Rentner, so klagte Adenauer, seien vom »materiellen Aufstieg« ausgeschlossen. Die Bundestagswahl stand an. Und Adenauer wollte gewinnen. Er hatte Großes vor. Die Rente sollte nicht mehr, wie bisher, ein Zuschuss zum Lebensunterhalt, sondern eine Art Lohnersatz sein. Und sie sollte steigen. Genau wie Löhne. Eine dynamische Rente also.

Adenauer selbst hatte offenbar keine rechte Idee. Angeblich war es sein Sohn Paul, der dem Vater eine Broschüre in den Urlaub am Comer See geschickt hatte. »Existenzsicherheit in der industriellen Gesellschaft« hieß der Titel. Autor war der bis dahin unbekannte Wirtschaftsprofessor Wilfrid Schreiber, seit 1949 Geschäftsführer des Bundes Katholischer Unternehmer. Seine Ideen lieferten die Blaupause für den Generationenvertrag.

Auch Schreiber sah die schrumpfende Bevölkerung als Problem. »Das Bevölkerungswachstum ist inzwischen zum Stillstand gekommen, ja zeitweilig und gebietsweise rückläufig geworden. Das ist ... ein Anlass zu neuer ernster Besorgnis.« Für den Geburtenrückgang machte Schreiber einen »bedenklichen Gesinnungswandel der Menschen« verantwortlich. Vielleicht wollte er deshalb den Gedanken der Großfamilie wiederbeleben – übertragen auf die ganze Gesellschaft. Schreiber schwebte ein »Familienein-kommen« vor. Nicht nur die »Alten«, wie der Wirtschaftstheoreti-ker Menschen über 65 ungeniert nannte, sondern auch Kinder und Jugendliche unter 20 Jahren sollten eine Rente bekommen, eine Art Unterhaltszuschuss, der sich nach dem Einkommen ihrer Eltern berechnen sollte. Von Kinderbeihilfen, die nicht zu-rückgezahlt würden, so wie das Kindergeld heute, hielt Schreiber nichts. Er sah darin eine Art »Zuchtprämie für zeugungsfreudige Eltern«. Er wollte dagegen eine Kinder- und Jugendrente, die »dem Erziehungsberechtigten als ... Treuhänder des Kindes aus-bezahlt« werden sollte. Im Klartext: Kinder und Jugendliche soll-ten eine Art Vorschuss auf ihr späteres Gehalt kassieren, das den Eltern überwiesen werden sollte. Ab dem 35. Lebensjahr sollte »jeder Arbeitstätige« verpflichtet werden, diese Vorschussrente, die er als Kind und Jugendlicher bekommen hatte, zurückzuzah-len. »Die »Kindheits- und Jugendrente«, so Schreiber, »ist ein Vorgriff auf das spätere Arbeitseinkommen des Kindes und Ju-gendlichen. Der Zwanzigjährige ist mithin mit einer ›Darlehens-schuld‹ belastet, die er nach seinem 35. Lebensjahr an die Gesell-schaft zurückerstatten muss. Nicht seine Eltern werden mit einer ›Zeugungsprämie‹ belohnt, sondern das Kind selbst erhält ein Vorschusseinkommen. Das ist der wahre Sachverhalt.«

Kinderlose wollte Schreiber zur Kasse bitten: Menschen, die 35 und unverheiratet waren, sollten »die doppelte Erstattungsquote« zahlen. Das sei »nur die sehr milde Kompensation dafür, dass er nichts unternimmt, um sein gesellschaftliches Nachwuchs-Soll zu erfüllen«, steht in seinem Vorschlag. »Wer kinderlos oder kinder-arm ins Rentenalter geht und, mit dem Pathos des Selbstgerech-ten, für gleiche Beitragsleistungen gleiche Rente verlangt und erhält, zehrt im Grunde parasitär an der Mehrleistung der Kinder-reichen, die seine Minderleistung kompensiert haben.«

Hier ist es wieder, das Tor zur Willkür: Kinderlose, aber auch kinderarme Menschen hielt Schreiber für parasitär. Wann das »gesellschaftliche Nachwuchs-Soll« erfüllt war, bestimmten nicht die Eltern, sondern der Staat. »Es ist klar und nicht wegzudiskutieren, dass ein Elternpaar, das mehr als 2,4 gesunde Kinder in die Welt setzt, der Gesellschaft einen Dienst leistet, während der Kinderlose oder das Ehepaar mit weniger als 2,4 Kindern der Gesellschaft einen Dienst schuldig bleibt«, schrieb der Professor. Noch eine Zahl. 2,4 Kinder.

Bevölkerungspolitik habe keinen guten Ruf, schrieb Schreiber damals mit Rückblick auf den Nationalsozialismus. Sie sei aber notwendig. Seine Argumente lesen sich ähnlich wie die von Burgdörfer. »Bevölkerungspolitik steht zur Zeit nicht hoch im Kurs. Wer die primitive Wahrheit ausspricht, dass Bevölkerungswachstum wünschenswert, Bevölkerungsschwund tief bedauerlich ist, wird heute von einer Meute (sic) sich modern gebärdender Kritiker als Reaktionär angeprangert oder als Finsterling diffamiert.«

Schreiber wollte alle, die »Arbeitseinkommen« erzielen, also nicht nur Arbeiter und Angestellte, sondern auch alle Selbstständigen, für die Rentenkasse zwangsverpflichten.

Hätte Adenauer bloß auf ihn gehört. Der Kanzler war zwar begeistert von Schreibers Ideen, strich allerdings die Kinder- und Jugendrente. Sie war ihm zu teuer. Außerdem hielt er sie für unnötig. Auch auf die Beiträge der Selbstständigen verzichtete er. Die Wirtschaft brummte. Jede Frau gebar zwischen zwei und drei Kinder. Bedenken wischte Adenauer mit jenem Satz vom Tisch, der in die Geschichte eingehen sollte: »Ach was, Kinder kriegen die Leute immer.«

Der Kanzler verzichtete auf zwei Säulen, die die finanzielle Statik der Rentenversicherung ausmachten. Seine wichtigsten Kabinettsmitglieder, Finanzminister Fritz Schäffer und Wirtschaftsminister Ludwig Erhard, waren gegen die Rentenreform, hielten sie für unbezahlbar. »Wir haben offenkundig das Gefühl für das Mögliche verloren und schicken uns an, eine Sozialpolitik zu betreiben, die vielleicht das Gute will, aber mit Sicherheit das Böse, nämlich die Zerstörung einer guten Ordnung schafft«, warnte Erhard. »Dynamik oder Dynamit?«, fragte der *Spiegel*.

Doch Adenauer war fast jedes Mittel recht, um seine Reform durchzusetzen. Er hatte Spendierhosen angezogen und war nicht gewillt, sie wieder auszuziehen. Er verbot Schäffer und Erhard in Ausschüssen und im Bundestag sogar das Wort – die Kabinettsordnung machte es möglich. Im Wahlkampf nahm Adenauer den Mund selbst ziemlich voll. Jeder Ruheständler, der in die Rentenversicherung einzahle, könne später mit einer Rente rechnen, die 68 Prozent seines letzten Bruttogehalts betrage, behauptete er. Joseph Kardinal Höffner, bei der Deutschen Bischofskonferenz für soziale Fragen verantwortlich, wagte es, dem Kanzler zu widersprechen. Adenauer konterte bemerkenswert ehrlich: »Herr Kardinal, müssen Sie die nächste Wahl gewinnen oder ich?« Den gleichen Satz soll er auch Schäffer entgegengeschleudert haben, als der Minister ihm vorhielt, er könne kein Rentensystem gegen die Gesetze der Mathematik aufbauen.

Es gab lange Debatten im Bundestag. Doch am Ende stimmte nur die FDP gegen die Rentenreform. Schäffer und Erhard enthielten sich der Stimme. Im September 1957 gewann die Union die Wahl und die absolute Mehrheit im Bundestag. Es war das beste Wahlergebnis aller Zeiten. Die Renten stiegen. Zwischen 65 und 72 Prozent hatten die Rentner mehr auf dem Konto.

Von 1955 bis 1964 stieg auch die Zahl der Geburten. Von 820 000 auf 1,26 Millionen. Ein Jahr danach wurde der Pillenknick spürbar. Bis 1978 fiel die Zahl der Geburten auf 576 000 drastisch ab. 1972 starben mehr Menschen in Deutschland als geboren wurden. Schon 1985 warnten Wissenschaftler vor dem Zusammenbruch der Rentenversicherung. Ein Jahr später, 1986, ließ Bundesarbeitsminister Norbert Blüm (CDU) Plakate kleben, die für Vertrauen in die Rentenversicherung warben. »Denn eins ist sicher: Die Rente«, war darauf zu lesen.

In den nächsten Jahren versuchte die Politik gegenzusteuern. Sie senkte die Verwaltungskosten für die Rentenversicherung, erfand die Riester-Rente, von der vor allem die Versicherungsbranche profitierte, setzte die Lebensarbeitszeit herauf, senkte die

Rente. Wie 1957 müssen zwischendurch immer wieder Wahlen gewonnen werden. Deshalb zieht die Große Koalition wie einst Adenauer Spendierhosen an, lässt Leute, die 45 Jahre gearbeitet haben, mit 63 in Rente gehen, belohnt die Rentner mit üppigen Erhöhungen. Dass die Menschen, die wirklich von Altersarmut bedroht sind, davon kaum profitieren, wie zum Beispiel Alleinerziehende, Arbeitslose und Leute mit niedrigem Einkommen, scheint egal. Geschätzte zehn Milliarden Euro dürften diese Wahlgeschenke kosten.

»Aus meiner Sicht war diese große Rentenreform 1957 der erste große Sündenfall der Bundesrepublik Deutschland«, sagte der Sozialwissenschaftler Meinhard Miegel und forderte 2002 die Kündigung des Generationenvertrages. Sein Alternativvorschlag: eine Grundsicherung für Rentner, steuerfinanziert. Wer mehr will, muss vorsorgen. Miegel wird allerdings eine gewisse Nähe zur Versicherungswirtschaft nachgesagt.

Für Adenauers Wahlsieg zahlen wir noch heute die Zeche. Aus Dynamik könnte tatsächlich Dynamit werden. Das gibt inzwischen auch Norbert Blüm zu. »Wenn das Rentenniveau weiter so sinkt wie in den letzten Jahren, dann kommt die Rente in die Nähe der Sozialhilfe, was die Rentenversicherung nicht nur um ihren guten Ruf bringt, sondern auch um ihre soziale Sicherungsfunktion«, sagt er. Kanzlerin Merkel sagte in einer Rede: »Wissen Sie, ich glaube: Die Rentenversicherung kann angesichts des demografischen Wandels nicht solide bleiben, wenn wir nicht neben der gesetzlichen Rentenversicherung auch andere Formen der Absicherung weiter- und fortentwickeln.«

Bis 2030 gehen die Prognosen. Bis dahin soll das Rentenniveau auf 43 Prozent absinken. Wenn die geburtenstarken Jahrgänge, zu denen ich auch gehöre, in Rente gehen.

»Die Politik schurigelt die Menschen.«

Brigitte Dreyer, 70, verheiratet, kinderlos, bis 2003 CDU-Abgeordnete in der Bremischen Bürgerschaft:

Neulich fragte mich eine Bekannte: »Und, wie ist es bei euch? Konntet ihr keine Kinder bekommen oder warum habt ihr keine?« Sie ist – genau wie ich – seit Jahrzehnten verheiratet, aber kinderlos und in einem Alter, in dem die Familienplanung abgeschlossen ist. »Nein, ich wollte nie Kinder«, antwortete ich. »Und ich habe es auch nie bereut.« Da fiel sie mir um den Hals und heulte fast: »Endlich, endlich sagt es mal jemand ehrlich. Ich wollte auch nie Kinder, aber ich erzähle immer, dass ich keine bekommen kann.«

Ich dachte, so weit ist es jetzt schon: Das gesellschaftliche Klima ist so vergiftet, dass diese Frau ihr Leben lang lügt, weil sie nicht zugeben mag, was ihr gutes Recht ist: nämlich keine Kinder zu wollen. Die Novellierung des Paragrafen 218 hat offenbar nichts gebracht. Frauen können noch immer nicht selbst über sich, ihr Leben und ihren Körper bestimmen, weil es vielen Menschen in diesem Land nicht passt.

Auch ich kenne diese Reaktionen gut. Man kann den Leuten alles Mögliche aus seinem Leben beichten, alles sehen sie einem nach. Aber wehe, ich sage, dass ich keine Kinder wollte, dann gucken die Leute mich an, als hätte ich gerade zugegeben, meine Großmutter erdolcht zu haben.

Für Frauen bedeuten Kinder in der Regel Abhängigkeit und Verzicht. Das habe ich schon bei meiner Mutter gesehen. Ich bin

1946 nach dem Krieg geboren. Mein Vater war selbstständiger Elektriker. Meine Mutter hat uns vier Kinder versorgt und von morgens bis abends im Betrieb mitgeholfen. Sie hat die Buchhaltung gemacht, Rechnungen geschrieben. Wenn die Leute nicht bezahlt haben, ist sie, selbst im Winter, bei Schnee und Glatteis auf dem Fahrrad los, um das Geld zu holen, mit dem sie anderntags die Gesellen bezahlen musste. Obwohl meine Mutter so viel gearbeitet hat, musste sie meinen Vater immer fragen, wenn sie sich mal eine Bluse kaufen wollte. Manchmal legte sie sich Geld beiseite und kaufte sich Nylonstrümpfe – die waren damals noch eine Sensation. Sie sagte dann zu mir: »Erzähl das bloß nicht dem Papa.« Wenn wir Kinder nachts krank wurden und ins Bett kotzten, stand meine Mutter auf, um uns zu trösten und sauberzumachen, nicht mein Vater. Obwohl meine Mutter so viel gearbeitet hat, hatte sie nie ein eigenes Gehalt. Sie bekam nur das, was mein Vater ihr als Haushaltsgeld zuteilte.

Ich habe früh begriffen, dass man sein Geld selbst verdienen muss, wenn man unabhängig sein will. Die Frauen meiner Generation kriegten ganz selbstverständlich Kinder. Die Pille kam ja erst Ende der 1960er Jahre nach Deutschland. So wuchsen wir mit dem Satz auf: »Komm mir bloß nicht mit einem Kind nach Hause.« Kinder gebar man, wenn man verheiratet war, sonst ließ man es besser bleiben. Frauen mit unehelichen Kindern galten als »gefallen«. Also sah man sich vor.

Als ich von zu Hause auszog und in die Lehre als Importkauffrau ging, hatte ich endlich mein eigenes Geld, konnte selbst entscheiden und war frei. Eine schöne Zeit, ich konnte machen, was ich wollte. Mit 22 heiratete ich. In meiner Generation war es üblich, dass die Frauen nach der Hochzeit zu Hause blieben und nicht mehr arbeiteten. Aber ich dachte nicht eine Sekunde daran. Ich hatte ja gesehen, wie es meiner Mutter ergangen war. Und trotzdem wollte mein Mann mir Haushaltsgeld zuteilen, obwohl ich mein eigenes Geld verdiente. Das habe ich mir natürlich nicht gefallen lassen. Zum richtigen Knall kam es, als mein Mann gemeinsam mit seinen Eltern ein Haus bauen wollte. Ganz selbstverständlich hatten sie meine Rentenansprüche, die man sich damals noch auszahlen lassen konnte, mit in die Finanzierung eingeplant – ohne mich zu fragen. »Kommt nicht infrage, das ist meine Rente, das ist mein Geld«, habe ich mich gewehrt. Ich war damals übrigens kein Einzelfall. Inzwischen bin ich ja Rentnerin und kenne viele Frauen, die zum Teil eine sehr geringe Altersversorgung haben. Alle haben Ähnliches erlebt. Und fast alle haben ihre Rentenansprüche damals verkauft. Nur zwei Frauen konnten sich noch daran erinnern, was sie von dem Geld gekauft hatten. Die anderen hatten es längst vergessen. Sie wussten nur noch, dass ihre Männer oder ihre Familien ihre Rente für irgendwelche Anschaffungen vereinnahmt hatten.

Mein erster Mann hat schon damit geliebäugelt, ein Kind zu kriegen. Er sagte manchmal zu mir: »Wäre doch schön, wenn wir endlich eine richtige Familie wären.« Eine »richtige Familie« fing für ihn erst an, wenn man mindestens ein Kind hatte. Aber ich hatte das Bild meiner Mutter vor Augen. Sie war in ihrer Ehe gefangen gewesen, weil sie ja vier Kinder zu versorgen hatte. Ich konnte dagegen jederzeit aus meiner Ehe aussteigen, weil ich unabhängig war. Und die biologische Uhr habe ich auch nie ticken hören.

Als berufstätige Frau ohne Kinder war ich vielen Nachfragen ausgesetzt. Meine Eltern und Schwiegereltern hielten im ersten Jahr nach unserer Hochzeit noch den Mund. Aber dann fragten sie jedes Mal, wenn wir uns trafen: »Na, wann ist es denn bei euch endlich so weit?«

Im Sozialamt, wo ich inzwischen arbeitete und mich zur Verwaltungsangestellten weitergebildet hatte, musste ich mir von Kollegen und Kolleginnen böse Kommentare anhören, weil mein Mann und ich ja »Doppelverdiener« seien. Diesen Begriff finde ich empörend. Ich habe nie ein doppeltes Gehalt ausgezahlt bekommen, sondern immer eines – und zwar mein eigenes, für das ich gearbeitet hatte. Auf dieses Gehalt habe ich Steuern, Sozialabgaben und Rentenversicherungsbeiträge bezahlt.

Auch mein Mann musste sich Sprüche anhören. »Ach, deine Frau arbeitet noch?«, fragten die Leute scheinheilig. Sie meinten natürlich: »Kannst du es dir etwa nicht erlauben, deine Frau zu ernähren? Muss die arbeiten gehen?«

Dabei hatten wir im Sozialamt jeden Tag mit Frauen zu tun, die in finanzielle Not geraten waren. Sie hatten Kinder bekommen, waren zu Hause geblieben, vom Mann verlassen worden und rannten nun dem Unterhalt hinterher. Und dann hatten wir sogar einen Fall im Kollegenkreis, der zeigte, wie wichtig es ist, selbst sein Geld zu verdienen. Eine unserer Schreibkräfte, die schon zwei Kinder hatte, bekam kurz vor den Wechseljahren noch einen Nachzügler. Das Kind kam, ihr Mann ging. Er hatte keine Lust, noch mal von vorne anzufangen. Auch er zahlte den Unterhalt nur schleppend. Finanziell ging es der Frau richtig schlecht, weil sie im Sozialamt nur eine Teilzeitstelle hatte. Es war gerade mal wieder Einstellungsstopp und es hat ewig gedauert, bis wir für unsere Kollegin eine Vollzeitstelle durchgesetzt hatten.

1975, da war ich 29, habe ich meinen Mann verlassen. Nicht nur wegen der Kinderfrage. Wir passten einfach nicht zusammen. Mein Mann war ein Pedant. Er hatte zum Beispiel mal einen Schrank getischlert und die Schubladen beschriftet: braune Schuhputzbürste, schwarze Schuhputzbürste. Bei mir landete natürlich die braune Bürste immer in der Schublade für die schwarze und umgekehrt. Mein Mann regte sich darüber auf.

Nach meiner Scheidung habe ich dann studiert, wurde Sozialtherapeutin und arbeitete in der Psychiatrie. Außerdem habe ich mich mit 30 sterilisieren lassen. Ich wollte nicht wie eine Nonne leben, aber auf keinen Fall riskieren, schwanger zu werden. Es war schwer, einen Arzt zu finden, aber ich blieb hartnäckig und fand einen.

Inzwischen hatte ich auch meinen jetzigen Mann kennengelernt. Für ihn stand immer fest, dass er sich »nicht vervielfältigen wollte«, wie er es nannte. Aber Männer müssen sich nie rechtfertigen, wenn sie keine Kinder wollen. Das müssen nur wir Frauen.

Wir waren uns also in dieser Frage einig. Aber wenn wir heute mit Leuten in unserem Alter zusammensitzen, reden die sehr gerne über ihre Enkel. Wenn die Reihe an uns ist, gucken mich die Leute alle an und sagen: »Ach, du hast keine Enkel?« Ich habe noch nie erlebt, dass jemand meinen Mann angeguckt hätte. In Wirklichkeit sehen die Leute, die so schwärmen, ihre Enkel auch nur ein-, zweimal im Jahr. Ich glaube, einige Frauen sind verunsichert: Sie denken, Mensch, die hatte den Mut, nein zum Kinderkriegen zu sagen.

Nach meiner Beobachtung gab es eine Entwicklung, was das Ansehen kinderloser Frauen angeht. Ende der 70er, Anfang der 80er Jahren war ich als kinderlose, berufstätige Frau plötzlich en vogue. Das war die Zeit der Frauenbewegung und der Kampagne »Mein Bauch gehört mir«. Im *Stern* bekannten sich Frauen dazu, abgetrieben zu haben.

Anfang der 90er Jahre wurde Muttersein plötzlich wieder Mode. Die Frauenbeauftragten entdeckten das Thema Vereinbarkeit von Familie und Beruf. Sie beteiligten sich daran, Müttern einzureden, dass eine moderne Frau schon alles schafft, wenn sie nur will. Und auch die Politik versuchte, den Frauen zu suggerieren, dass alles möglich und der Wiedereinstieg in den Beruf gar nicht so schwierig sei. Ich erinnere mich noch an einen Werbespot des Familienministeriums. Eine Party, alle erzählen von ihrem Beruf. Eine junge, gut aussehende Frau sagt: »Ich manage einen Familienbetrieb.« Dann wird das Foto von ihr und ihren beiden Kindern eingeblendet. Die Kampagne sollte den Frauen weismachen, dass die Wirtschaft es zu schätzen weiß, wenn sie zu Hause ihren Familienbetrieb gemanagt haben. Aber de facto legt die Wirtschaft darauf gar keinen Wert. Das ist jedenfalls meine Erfahrung als Gewerkschafterin. Arbeitgeber wollen Leute, die möglichst flexibel sind, Überstunden machen können, wann immer sie anstehen.

Ich frage mich, warum die Frauenbeauftragten sich nicht endlich mit Verve dieser Probleme annehmen. Aber sie kümmern sich lieber darum, dass Frauen in Aufsichtsräte einziehen. Sie sollten sich endlich um die normalen Frauen kümmern. Generationen von Frauen machen das Gleiche durch: Wenn sie gutgläubig auf dieses ganze Zeug reinfallen, Kinder kriegen und aus dem Job aussteigen, stehen sie vier, fünf Jahre später da und erkennen, dass sie in der Baby-Falle festsitzen. Und dass ihre berufliche Existenz im Eimer ist. Und wenn Frauen kinderlos bleiben, werden sie abgestraft.

Diese Politik macht mich richtig sauer. Ich bin auch sauer, dass wir Kinderlose mehr in die Pflegekasse einzahlen. Es geht mir nicht um ein paar Euro. Aber ich kenne viele Leute mit Kindern. Ich habe noch nie erlebt, dass auch nur eines der Kinder seine Eltern gepflegt hätte. Und auch das Argument, wir Kinderlose hätten keine Beitragszahler gezeugt oder geboren, finde ich unverschämt. Es kann doch nicht die Aufgabe einer Frau sein, Beitragszahler zu gebären – ob nun für die Renten- oder Pflegeversicherung. Außerdem: Selbst wenn man Kinder bekommt, kann es immer noch passieren, dass aus ihnen keine Beitragszahler werden, weil sie vielleicht keine Arbeit finden. Ich kann mir gut vorstellen, dass es im Alter eine Grundsicherung gibt, die über Steuern finanziert wird. Und wer mehr will, muss vorsorgen. Ich glaube auch, dass man das Rentensystem von der Arbeitsleistung loslösen muss. Wenn man sich die Entwicklung der Arbeitswelt anschaut, sieht man, dass immer mehr Leute in Zukunft keine Arbeit mehr haben werden.

Die Politik ist verlogen. Wenn Rente an Arbeit gekoppelt ist, dürfen ganz viele Dinge nicht aus der Rentenkasse gezahlt werden – zum Beispiel die Mütterrente.

Die Politik schurigelt die Menschen, anstatt ihnen das Leben zu erleichtern. Vielleicht liegt es daran, dass ja in Berlin gar nicht mehr so viel entschieden wird, sondern mehr in Brüssel. Es werden immer wieder Gruppen rausgegriffen, die schuld sein sollen: Die Raucher und Übergewichtigen sind schuld, wenn die Krankenkassenbeiträge steigen. Die Kinderlosen sind schuld, wenn die

Rente nicht reicht. Politiker brauchen offenbar Leute, denen sie Schuld geben können. Wir haben zwar ein Antidiskriminierungsgesetz, sodass man nichts mehr gegen Burka tragende Frauen sagen darf. Aber Raucher, Übergewichtige und Kinderlose, um nur einige zu nennen, dürfen an den Pranger gestellt werden. Dabei stehen im Antidiskriminierungsgesetz auch Frauen und Ältere drin. So wird ein Klima von Neid und Missgunst geschaffen. Eines, in dem Lebensformen abgewertet werden dürfen, schließlich ist es ja auch eine Lebensform zu sagen, ich entscheide mich gegen Kinder. So kann man Forderungen aufstellen, aus denen womöglich Gesetze werden, die niemand mehr schlimm findet, wie zum Beispiel, dass Eltern auf dem Arbeitsmarkt bevorzugt eingestellt werden. Mit Demokratie hätte das dann nichts mehr zu tun.

Meine Mutter hat meinen Werdegang übrigens immer mit großer Sorge verfolgt. Das, was ich so gemacht habe, fand sie spannend. Aber hochgefährlich.

Die Pflegeversicherung – noch ein Generationenvertrag

Obwohl die Tücken von Generationenverträgen Mitte der 90er Jahre schon lange bekannt waren, wurde 1995 mit der Pflegeversicherung noch ein Generationenvertrag geschlossen. Sozialminister Norbert Blüm (das war der, der 1986 im Wahlkampf und 1997 im Bundestag versprochen hatte: »Die Rente ist sicher«) setzte ihn durch. Ab 2017 steigt der Beitrag für die Pflegeversicherung für Kinderlose auf 2,8 Prozent. Ausgenommen sind nur kinderlose Mitglieder, die vor dem 1. Januar 1940 geboren sind, Kinderlose, die jünger als 23 Jahre alt sind, und Menschen, die Arbeitslosengeld II beziehen. Sobald jemand Vater oder Mutter eines »lebend geborenen Kindes« wird, ist er lebenslang von dem Beitrag befreit. Gleiches gilt für Leute, die ein Kind adoptieren oder in Pflege nehmen.

Der Finanzwissenschaftler Bernd Raffelhüschen von der Universität Freiburg im Breisgau hält die Pflegeversicherung für den »größten sozialpolitischen Fehler der Nachkriegsgeschichte«. Grund: »Die Einführung der Pflegeversicherung ... war die Einführung eines Generationenvertrags in dem Wissen, dass die Generation, die ihn erfüllen soll, ja gar nicht da ist«, sagte er in einem Interview mit dem Deutschlandfunk.

Selbst Menschen, die ungewollt kinderlos bleiben, müssen zahlen. Ein Ehepaar, das gerne Kinder gehabt hätte, aber keine bekommen konnte, klagte. Und verlor. In der Urteilsbegründung steht: Das Bundesverfassungsgericht »geht ... davon aus, dass das Risiko, pflegebedürftig zu werden, jenseits der 60 deutlich und jenseits der 80 sprunghaft ansteigt. Pflegebedürftige sind deshalb auf die Pflegeversicherungsbeiträge der nachwachsenden Generation angewiesen. Auf Grund dieses Umlagesystems profitieren die Kinderlosen von der Erziehungsleistung der Eltern. Beide sind darauf angewiesen, dass genug Kinder nachwachsen, die in der Zukunft Beiträge zahlen und ihre Pflege finanzieren.«

Das Bundesverfassungsgericht stützt solche Schneeballsysteme also. Denn auch die Pflegeversicherung ist auf Neubürger angewiesen, die einzahlen. Aber wer sagt, dass ich alt und pflegebedürftig werde?

Auf die Frage, wie man die Pflegekosten ohne Pflegeversicherung schultern solle, antwortete Raffelhüschen: »Wir haben das vor 95 ja auch in den Griff bekommen! Vor 95 musste halt der Mensch – es sei denn, er war arm, dem haben wir geholfen! –, aber vor 95 musste man entsprechend selbst vorsorgen. Und das ging, ohne weiteres. Nach 95 haben alle was bekommen. Die Armen dasselbe wie vorher, die haben nichts dadurch gewonnen, und die Reichen, na, die wurden bereichert. Die Pflegeversicherung ist nichts anderes als so eine Art groß angelegtes Erbschaftsbewahrungsprogramm für den deutschen Mittelstand gewesen.« Die Reichen wurden bereichert? Warum? Statt ihr Vermögen für die Pflege anzutasten, bekommen sie Geld aus der Pflegeversicherung. Stimmt.

Trotzdem kann auch Raffelhüschen sich einen Seitenhieb auf Kinderlose nicht verkneifen: »Kinderlose sind nicht diejenigen, die wirklich für den Bestand einer Gesellschaft etwas tun. Das muss man ganz klar sehen.«

Wieso muss man das ganz klar so sehen? Sichern nur Kinder, die in diesem Land geboren werden, den »Bestand der Gesellschaft«? Oder kann man diesen »Bestand« auch anders »auffüllen«? Mit Einwanderern, zum Beispiel. Oder mit Frauen, die man nicht länger aus ihren Jobs drängt, wenn sie Kinder bekommen haben. Und was ist, wenn Leute Kinder kriegen, die – aus welchen Gründen auch immer – nicht arbeiten, keine Steuern und Sozialabgaben zahlen, weil sie vielleicht Sozialfälle sind? Schmälern diese Eltern dann auch den »Bestand der Gesellschaft«?

Übrigens: »Deutschlands größter Pflegedienst« sind pflegende Angehörige, wie es das Robert Koch-Institut schön formuliert hat. Und wer pflegt die Angehörigen? Es sind mal wieder die Frauen. 73 Prozent der Menschen, die in Deutschland Angehörige pflegen, sind Frauen. Pflege in Deutschland ist Frauensache. Klar, kann man seit dem 1. Januar 2015 seine Arbeitszeit 24 Monate lang auf 15 Wochenstunden reduzieren, um einen Angehörigen zu pflegen. Das geht allerdings nur bei Betrieben einer bestimmten Größe. Es gibt auch ein zinsloses Darlehen, mit dem die Gehaltsverluste abgefangen werden sollen. Die Pflegeversicherung zahlt für pflegende Angehörige unter bestimmten Voraussetzungen die Rentenversicherungsbeiträge. Alles lobenswerte Schritte. Und trotzdem: Ohne Einbußen geht es nicht. Nach einer Forsa-Umfrage, veröffentlicht vom Zentrum für Qualität in der Pflege, befürchtet jeder zweite Angehörige, der seine Liebsten pflegt, Nachteile im Job. Dass solche Befürchtungen nicht aus der Luft gegriffen sind, scheint der Fall einer Frau zu belegen, die sich in einem Forum darüber beklagt, dass sie aus dem Job gemobbt wurde, nachdem sie ihre Mutter fünf Jahre gepflegt hatte. Sie schreibt, sie sei häufig krank gewesen. Damit befindet sie sich in bester Gesellschaft. Nach einer Forsa-Umfrage der Techniker Krankenkasse fühlte sich die Hälfte aller pflegenden Angehörigen dem Burnout nahe. »Ein Drittel der Pflegenden erkrankt aufgrund der zusätzlichen Belastungen selbst«, liest man auf der Internetseite des Müttergenesungswerks. Schließlich habe ihr Arbeitgeber ihr gekündigt, schreibt die Frau weiter. Kurzfristige Krankheiten sind zwar kein Kündigungsgrund. Ihr Arbeitgeber habe behauptet, dass ihm die Krankmeldungen angeblich nicht zugegangen seien. Die Frau hatte ihre gelben Scheine nicht per Einschreiben verschickt. Ihre Geschichte erinnert fatal an die von Frauen, die nach der Elternzeit aus dem Job gemobbt wurden.

»Wenn man die Stundenzahl, die pflegende Angehörige auf-
wenden, mit dem heutigen Mindestlohn multipliziert, dann liegt
die Wertschöpfung bei sage und schreibe rund 37 Milliarden Euro
pro Jahr. Eine gewaltige Summe, wenn man bedenkt, dass die
Pflegeversicherung selbst nur ein Einnahmevolumen von rund
26 Milliarden Euro umfasst«, sagte Martin Litsch, Vorstandsvor-
sitzender des AOK-Bundesverbandes, als er im März 2016 den
Pflege-Report vorstellte. Es ist Geld, das zum größten Teil Frauen
erwirtschaften. Pflegende Angehörige kriegen von der Pflegeversicherung übrigens nicht das gleiche Geld wie ein professioneller
Pflegedienst. Mutter und Tochter, die Ehemann und Vater gepflegt hatten, hatten rund 670 Euro Pflegegeld erhalten. Sie wollten allerdings den Regelbetrag von 1 432 Euro. Das Bundesverfassungsgericht lehnte ihre Verfassungsbeschwerde Anfang 2014
ab.

Pflege ist eine gesamtgesellschaftliche Aufgabe. Nicht nur Aufgabe von Frauen. Daher müssen mehr Pflegekräfte ausgebildet
werden. Sie müssen besser bezahlt werden. Viele Altenpflegerinnen arbeiten in Teilzeit. Teilzeit? Klingelt da was? Wieder einmal
zahlen den größten Teil der Zeche die Frauen in diesem Land.

Aber zurück zur Pflegeversicherung. Sie war ein Testballon.
Nachdem der Aufschrei der Kinderlosen ausblieb, können sie
munter weiter zur Kasse gebeten werden.

»Ich habe zwar keine Babywindeln gewechselt, aber die meiner Mutter.«

Robert, 58, Autor, unverheiratet, kinderlos, pflegt seine Eltern:
Nein, als Mann muss man sich nicht rechtfertigen, wenn man keine Kinder hat. Niemand fragt: »Warum hast du keine Kinder?« Die Leute wundern sich eher darüber, dass ich keine Frau habe, nicht mal eine Freundin. Aber ich bin halt Einzelgänger, wollte nie mit einer Frau zusammenleben. Mir war aber klar, dass meine Eltern sich einen Stammhalter wünschten. Die haben immer so Andeutungen gemacht. Als eine gute Freundin von mir heiratete, sagte mein Vater: »Nun ist wieder eine weg.«

Aber mit Anfang 40 kann man ja auch noch heiraten und Kinder kriegen, dachte ich. Klingt komisch, aber ich wollte meinen Eltern den Gefallen tun und eine Familie gründen. Tja, und dann war ich ganz schnell Anfang 40. Und weit und breit keine Frau in Sicht, die ich hätte heiraten wollen. Und es gab wohl auch keine Frau, die mich geheiratet hätte. Ich hatte auch gerade meinen Job aufgegeben, war freier Autor, lebte in einer Großstadt und hatte andere Dinge im Kopf. Aber ich bereue nicht, keine Familie zu haben. Wenn ich ehrlich bin, bin ich sogar erleichtert. Ich glaube, Kinder wären doch nichts für mich gewesen. Ich bin einfach nicht der Typ dafür. Obwohl ich Kinder schon niedlich finde. Aber nun ist es zu spät. Als »Sozialschmarotzer« fühle ich mich nicht. Ich habe zwar keine Babywindeln gewechselt, aber die meiner Mutter. Ich pflege meine Eltern inzwischen, stehe um sechs Uhr in der Früh auf, gehe einkaufen, erledige den Schreibkram, unterstütze den Pflegedienst mit allem, was so dazugehört. Die Tage sind manchmal anstrengender als früher im Büro. Wenn man seinen Eltern den Hintern abgewischt hat, weil sie es selbst nicht mehr können, dann ist man im Leben angekommen.

Kluge Frauen an die Gebärfront

Auch CDU-Familienpolitiker Eckhard Pols, ebenfalls Bundestagsabgeordneter, schwebt ein höherer Rentenbeitrag »bei gewollter Kinderlosigkeit« vor. Eine Art Strafgebühr für Kinderlosigkeit. Der Glasermeister und seine Frau haben fünf Kinder. Der Familienvater ist also Lobbyist in eigener Sache.

Fragt sich nur, wie sein Vorschlag in der Praxis umgesetzt werden soll. Männer und Frauen müssten antreten, um dem Staat Rechenschaft darüber abzulegen, warum sie keinen Nachwuchs in die Welt gesetzt haben. Wer kein ärztliches Attest über seine Unfruchtbarkeit vorlegen kann, wird zur Kasse gebeten. Aber wer soll das kontrollieren? Vielleicht die Gesundheitsämter? Die haben ja durchaus Erfahrung mit solchen Aufgaben, waren schon während der NS-Zeit für die »Erb- und Rassenpflege« zuständig. Sie prüften auch, ob eine Ehe im Sinne der Volksgemeinschaft war und stellten sogenannte Ehetauglichkeitszeugnisse aus. Die Nazis wollten für ihren »Volkskörper« »arische«, »erbgesunde« Nachkommen. Erbgesunde deutsche Frauen sollten im Dritten Reich möglichst viele Kinder bekommen.

Heute sollen die Klugen in den Kreißsaal. »Weniger Qualifizierte wie Reinigungskräfte sind selten kinderlos. Frauen in künstlerischen, geistes- und naturwissenschaftlichen, unternehmerischen und publizistischen Berufen bleiben dagegen zu 40 bis 50 Prozent kinderlos«, klagte Bevölkerungswissenschaftler Birg lange bevor Thilo Sarrazin (SPD) seine kruden Thesen vom Stapel ließ. Berlins Ex-Finanzsenator wollte »mehr Kinder von den Klugen, bevor es zu spät ist«. Und Deutschland sich abschafft.

Die beiden befanden sich in bester Gesellschaft. Daniel Bahr, damals FDP-Vorstand und später Gesundheitsminister, sagte der *Bildzeitung* 2005, kurz nachdem die schlechten Pisa-Ergebnisse bekannt gegeben worden waren: »In Deutschland bekommen die Falschen die Kinder. Es ist falsch, dass in diesem Land nur die sozial Schwachen die Kinder kriegen.«

Als würde sich Intelligenz vererben. Auf die Frage: »Haben kluge Eltern kluge Kinder?«, musste die *Zeit* ihre Leser und Leserinnen, die vermutlich mehrheitlich aus dem Bildungsbürgertum stammen, enttäuschen: »Nicht unbedingt, es gilt vielmehr das Paradox, dass hochintelligente Eltern in der Regel Kinder mit niedrigerem IQ bekommen – und wenig intelligente Menschen im Schnitt klügere Nachkommen. Dieser Effekt nennt sich Regression zur Mitte. Seine Ursache ist, dass die Erblichkeit der Intelligenz eben nur 50 Prozent beträgt.«

Kluge Leute kriegen also nicht unbedingt kluge Kinder, weil bei der Intelligenz nicht nur die Gene, sondern auch Umweltbedingungen eine Rolle spielen. Aber kluge Leute haben in der Regel mehr Geld, um ihre Kinder zu fördern. Zwar hat sich seit 2005 in Deutschland viel verbessert. Es gibt inzwischen mehr Bildungsaufsteiger als -absteiger. Trotzdem ist Bildungserfolg in Deutschland noch immer stark von der Herkunft abhängig. Kinder aus bildungsfernen Schichten werden für gleiche Leistungen schlechter benotet als ihre Klassenkameraden. Und das ist keine linke Propaganda, sondern das Ergebnis der Studie »Herkunft zensiert?«, an der deutsche und Schweizer Bildungsforscher beteiligt waren. Als Kind sollte man in diesem Land auch besser nicht Kevin, Mandy oder Justin heißen. Lehrer hegen nämlich Vorurteile gegen Kinder mit diesen Namen, halten sie für weniger schlau als Alexander, Maximilian und Sophie. Ebenfalls keine Propaganda, sondern das Ergebnis einer Studie der Universität Oldenburg, die eine Lehramtsstudentin und eine Pädagogikprofessorin durchgeführt haben. Sie befragten 500 Lehr-kräfte. Eine Lehrerin schrieb: »Kevin ist kein Name, sondern eine Diagnose.«

Wen wundert es da, dass hierzulande von 100 Kindern aus Arbeiterfamilien nur 23 studieren? Von 100 Kindern aus Akademikerfamilien dagegen 77. Auch hier wird Potenzial verschleudert. Und das in einem rohstoffarmen Land wie Deutschland, dessen wertvollster Rohstoff der Grips seiner Bevölkerung sein sollte. Aber wehe, jemand wagt, die Abschaffung des dreigliedrigen Schulsystems zu fordern, der muss sich als »Gleichheitsfanatiker« beschimpfen lassen. Schon im 19. Jahrhundert schickte das Volk seine Kinder auf die Volksschule, die Kinder des Mittelstandes gingen auf die Mittelschule und die der Oberschicht lernten in der Oberschule. Das Schulsystem spiegelte die Drei-Klassen-Gesellschaft wider. Von wenigen Ausnahmen abgesehen, ist es noch heute so. Schon im zarten Alter von zehn Jahren werden die Weichen gestellt – in der Welt ein ziemlich einmaliges Verfahren.

Der französische Soziologe Pierre Bourdieu prägte vor 45 Jahren den Begriff von der »Illusion der Chancengleichheit«. Seine Untersuchung bezog sich auf Frankreich. Sie gilt noch heute, auch für deutsche Verhältnisse.

Doch anstatt diese Verhältnisse zu ändern, rufen Politiker gebildete Frauen an die Gebärfront, damit endlich »die Richtigen« Kinder kriegen. »Betrachtet man die Debatte um die kinderlosen Akademikerinnen, so fällt schließlich noch ein weiteres Charakteristikum ins Auge. Die Aufmerksamkeit richtet sich nahezu ausschließlich auf die Frauen. Es sind Frauen, die angeblich keine Kinder bekommen, weil sie lieber arbeiten, sich selbst verwirklichen oder ein individuelles, luxuriöses Leben führen wollen. Frauen stehen im Mittelpunkt von Problemanalysen und Hilfsprogrammen (z. B. zur Vereinbarkeit von Familie und Beruf). Und auf ihr Gebärverhalten soll Einfluss genommen werden«, schreibt die Historikerin Christiane Kuller von der Universität Erfurt.

Tatsächlich bemüht sich der Staat inzwischen, gut ausgebildeten Männern und Frauen das Kinderkriegen schmackhaft zu machen. Bis zu 1 800 Euro lässt Vater Staat springen, wenn Mutter
oder Vater Elternzeit nehmen. Je höher das Gehalt war, bevor das
Kind kam, desto mehr Elterngeld gibt es. Im Klartext heißt das:
Eine Ärztin oder Managerin kassiert viel mehr Elterngeld als eine
Arzthelferin, eine Verkäuferin, eine Putzfrau oder eine Floristin.
Klingt gerecht. Schließlich haben Ärztin und Managerin einen
höheren finanziellen Verlust, wenn sie Kinder bekommen. Es
bedeutet aber auch: Vater Staat hat nicht alle seine Kinder gleich
lieb. Sie sind ihm nicht alle gleich viel wert. Für das Kind einer
Ärztin lässt er mehr Geld springen als für das Baby einer Putzfrau. »Ein besonders maßloses Geschenk ist das Elterngeld, das
bei denen üppig ausfällt, die es am wenigsten benötigen – den
Gutverdienenden«, kritisierte die *Zeit*, deren Leserschaft durchaus vom Elterngeld profitieren dürfte. Mit sechs Milliarden Euro
schlägt das Elterngeld zu Buche. Ich bin da nicht ganz auf *Zeit*-Li-
nie. Ich finde Elterngeld durchaus sinnvoll. Nur sollten alle gleich
viel bekommen. Weil jedes Kind dem Staat gleich lieb und teuer
sein sollte.

»Wenn ich nicht verheiratet gewesen wäre, müsste ich heute von Hartz IV leben.«

Petra, Anwaltsgehilfin, 44, drei Kinder, verwitwet, alleinerziehend:

Ich wollte immer Kinder. Nach der Mittleren Reife habe ich Anwalts- und Notargehilfin gelernt und fand einen gut bezahlten Job bei einer Rechtsschutzversicherung. Mit 23 bekam ich meine erste Tochter, mit 25 die zweite. Als ich 27 war, kam mein Sohn zur Welt. Als er aus dem Gröbsten raus war, wollte ich wieder arbeiten. Darüber, dass ich nun schon auf die 30 zuging, machte ich mir keine Sorgen. Schließlich hatte ich ja einen Anspruch auf meinen alten Vollzeitjob. Dachte ich. Die Versicherung bot mir tatsächlich einen Vollzeitjob an – allerdings sollte ich versetzt werden. Ich hatte die Wahl zwischen zwei Städten, die jeweils eine knappe Stunde von meinem Wohnort entfernt lagen. Natürlich war das nicht zu machen. Fast zwei Stunden pendeln – mit drei kleinen Kindern! Das schafft man selbst dann nicht, wenn die Kinder im Kindergarten und die Großeltern jeden Tag im Einsatz sind. Das muss auch den Personalchefs klar gewesen sein. Deshalb machten sie mir dieses Angebot, von dem sie genau wussten, dass ich es nicht annehmen konnte. Inzwischen baute die Versicherung nämlich Mitarbeiter ab und die Personalchefs ließen keine Gelegenheit aus, Leute loszuwerden, darunter viele Mütter, wie ich später erfahren sollte. Dass mein Arbeitgeber mich in eine andere Stadt versetzen konnte, stand in meinem Arbeitsvertrag, den ich unterschrieben hatte. Ein Passus, um den ich mir nie Gedanken gemacht hatte. Nun wurde er mir zum Verhängnis. Kurz und gut: Ich bekam eine Abfindung von damals noch 25 000 D-Mark und war raus.

Zunächst genoss ich es, meine Kinder zu betreuen, ahnte aber nicht, in was für eine Falle ich getappt war. Als meine Kinder größer waren, wollte ich wieder arbeiten, bewarb mich um Bürojobs in allen möglichen Branchen. Ich bekam zig Absagen. Und wenn ich mal zum Vorstellungsgespräch eingeladen wurde, war immer die erste Frage: »Ja, aber was machen Sie denn, wenn Ihre Kinder krank sind?« Meist war das Gespräch ziemlich schnell beendet, auch wenn ich darauf verweisen konnte, dass meine Eltern mich unterstützten.

Ich fand schließlich einen Bürojob – weit unter meiner Qualifikation und schlecht bezahlt. Aber nach fünf Jahren Auszeit brauchte ich beim Anwalt oder einer Versicherung gar nicht mehr anzufragen. Ich war zu lange raus. Mein Mann war Polizeibeamter, verdiente nicht schlecht, trotzdem musste ich arbeiten, allein schon, um meine Krankenkasse zu finanzieren. Beamte sind in der Heilfürsorge, eine kostenlose Mitversicherung von Familienmitgliedern wie bei der gesetzlichen Krankenversicherung gibt es nicht. Ich brachte also jahrelang nicht mehr als ein paar hundert Euro mit nach Hause. Mit dem Gehalt meines Mannes kamen wir gut über die Runden, machten uns um unsere Zukunft keine allzu großen Gedanken. Dann starb mein Mann überraschend. Mit 49. Krebs. Von der Diagnose bis zu seinem Tod vergingen acht Monate. Meine Kinder waren elf, dreizehn und fünfzehn. Das war ein Schock. Nicht nur emotional, sondern auch finanziell. Es gab tatsächlich Leute, die meinten: »Ach, als Beamtenwitwe sind Sie doch abgesichert.« Aber so üppig ist das nicht. Wir haben 2500 Euro im Monat. Mit drei Kindern ist das nicht so viel. Meine älteste Tochter studiert inzwischen, ist ausgezogen. Halbwaisenrente und Kindergeld überweise ich ihr, um sie zu unterstützen. Mein Sohn hat Schuhgröße 47 und genau ein Paar Schuhe. Die mittlere Tochter, die gerade Abitur gemacht hat, jobbte in einer Großküche und ist nun ins Ausland gegangen.

Obwohl ich nur insgesamt fünf Jahre für drei Kinder ausgesetzt habe, bekomme ich, weil ich immer so wenig verdient habe, später mal 580 Euro. So steht es jedenfalls in den Bescheiden, die mir die Rentenversicherung zuschickt. Aber was hätte ich machen sollen? Ich wollte ja arbeiten. Trotz dreier Kinder. Aber ich wurde aus meinem Job getrickst. Man muss es klar sagen: Wenn ich die Witwenrente, die versteuert werden muss, nicht hätte, wüsste ich später mal nicht, wovon ich leben sollte. Vermutlich von Hartz IV. Für mich hat sich die Ehe finanziell mehr gelohnt als die Arbeit.

Armutsfalle: Alleinerziehend

Die Gefahr, als Mutter plötzlich alleine dazustehen, muss eine Frau einkalkulieren – durch Trennung, Scheidung oder Tod. Dann droht unter Umständen die Armutsfalle. Zwar sinkt die Zahl der Scheidungen in Deutschland seit einigen Jahren. 2015 endeten 163 335 Ehen vor dem Scheidungsrichter oder der Scheidungsrichterin. Seit 1994 die niedrigste Zahl. Im Schnitt hält eine Ehe 15 Jahre. Jede dritte Ehe geht in die Brüche. Und vielleicht ist auch von Anfang an kein Vater da. Fast zweieinhalb Millionen Alleinerziehende gibt es in Deutschland. Fast 90 Prozent sind Frauen. Die Professorin Anne Lenze von der Hochschule Darmstadt hat in ihrer Studie im Auftrag der Bertelsmann Stiftung nachgewiesen, dass die Kinderarmut in Deutschland ganz wesentlich mit der Armut von Alleinerziehenden zusammenhängt.

Hier der bittere Zahlensalat: Jedes zweite Kind, das auf Hartz IV angewiesen ist, lebt bei einem Elternteil. Alleinerziehende leben fünfmal so oft von Hartz IV wie Familien mit Vater und Mutter. Alleinerziehende, die arbeitslos sind, bekommen weder Eltern- noch Betreuungsgeld. 70 Prozent der Alleinerziehenden arbeiten, fast die Hälfte, also 45 Prozent, sogar in Vollzeit. Trotzdem reicht ihr Einkommen nicht aus. Und zwar obwohl alleinerziehende Mütter in der Regel gut ausgebildet sind: Fast 80 Prozent haben einen mittleren oder sogar hohen Bildungsabschluss. Über 50 Prozent der alleinerziehenden Mütter, die arbeiten, haben Teilzeitstellen inne. Auch sonst langt der Staat bei Alleinerziehenden zu. Das Bruttoeinkommen von alleinerziehenden

Müttern liegt im Schnitt bei knapp 22 000 Euro im Jahr. Allein-erziehende zahlen genauso viel Geld in die gesetzlichen Sozial-versicherungen ein wie Alleinlebende. Richtig gelesen. Warum? Weil Kinder bei der Beitragsbemessung keine Rolle spielen. Der Staat langt bei Alleinerziehenden also richtig zu. »Insgesamt ma-chen es die hohen Belastungen durch Steuern und Sozialabga-ben Alleinerziehenden schwer, mit ihrem selbst erwirtschafteten Einkommen ihre Familie zu versorgen«, heißt es in der Bertels-mann-Studie.

So, auch an dieser Stelle muss man innehalten. Politiker bie-ten Eltern ein Familienwahlrecht an. Vermutlich in dem Wissen, dass es dafür im Bundestag wahrscheinlich nie die erforderliche Mehrheit geben wird. Augenwischerei, also. Polit-Theater. Wa-rum senken Politiker nicht einfach die Sozialabgaben für Allein-erziehende? Und zwar drastisch?

Eine Studie des Max-Planck-Instituts kommt zu dem Ergebnis, dass Alleinerziehende sich häufiger krank fühlen als Eltern, die ihre Kinder gemeinsam erziehen. Wenn Alleinerziehende arbei-ten, fühlen sie sich schon besser, vermutlich weil die Existenz-angst gemildert wird. »Wenn eine Frau von Teilzeit auf Vollzeit geht, verbessern sich Gesundheit und Wohlbefinden sogar noch einmal«, sagte die Sozialwissenschaftlerin Mine Kühn der Deut-schen Presse-Agentur.

Doch die Wirklichkeit in Deutschland sieht anders aus: Allein-erziehende sind auch häufiger und länger arbeitslos. Fast ein Viertel der arbeitslosen Alleinerziehenden waren im Jahr 2013 über zwei Jahre lang ohne Job. Grund für die Armut ist auch die schlechte Zahlungsmoral der Väter.

Ein Kind kostet, bis es volljährig wird, rund 130 000 Euro, wie der *Stern* überschlagen hat. Andere Berechnungen liegen zwi-schen 300 000 und 500 000 Euro. Doch die Hälfte der Kinder, die bei einem alleinerziehenden Elternteil aufwachsen, erhält kein Unterhalt. 25 Prozent, also ein Viertel, kriegen unregelmäßig Unterhalt oder aber zu wenig. Wirtschaftsminister Gabriel weiß aus eigener Anschauung, was das bedeutet. »Auch mein Vater hat sich geweigert, meiner Mutter Unterhalt zu zahlen – für meine Schwester und für mich. Das war ein beständiger Kampf, der meine Mutter bis an die Grenzen ihrer Kraft gebracht hat«, sagte er der *Bildzeitung*. Warum viele Väter nicht zahlen, ist nicht erforscht. Der Staat springt für Kinder, deren Väter nicht zahlen, ein. 2014 griff der Staat 455 000 Kinder unter die Arme. Besonders üppig fällt die Hilfe nicht aus: 145 Euro Unterhaltsvorschuss gibt es für Kinder, die jünger als fünf Jahre alt sind. 342 Euro Mindestunterhalt bekommen Kinder nach der neuen Düsseldorfer Tabelle bis zum fünften Lebensjahr. Nicht gerade üppig. Der Unterhaltsanspruch ist allerdings gerade erhöht worden. Um sieben Euro.

Für Kinder, die zwischen sechs und elf Jahre alt sind, überweist der Staat Unterhaltsvorschuss von 194 Euro. Wenn die Kinder zwölf Jahre alt sind, stellt der Staat diese Zahlungen ein. Als bräuchten Kinder dann kein Geld mehr, könnten für sich selbst sorgen. Gezahlt wird sowieso nur sechs Jahre. »Stille Helden unserer Gesellschaft«, nennt das Familienmagazin *StadtLandKind* Alleinerziehende. Ein treffender Begriff.

Kümmert sich Vater Staat genug um diese seine Kinder? »Kinder- und Familienarmut sind ein erhebliches Problem in unserem Land«, liest man in einer Studie der Bertelsmann Stiftung. Das Armutsrisiko ist seit der Wiedervereinigung am höchsten. In Berlin lebt jedes dritte Kind, das jünger ist als 15, von Hartz IV. In Deutschland wachsen laut Bertelsmann-Studie fast 15 Prozent in Familien auf, die Hartz IV beziehen.

Wehe, du kriegst ein Kind und musst es alleine erziehen. Auf Vater Staat können Frauen nicht zählen.

Dass es anders geht, zeigt ein Blick nach Schweden. Dort übernehmen die Sozialkassen die Sozialversicherungsbeiträge, wenn eine alleinerziehende Mutter 30 Stunden arbeitet. Die Schweden haben es am leichtesten, Familie und Beruf zu vereinbaren. Frauen arbeiten dort fast genauso häufig wie Männer. Die Kinderarmut in Schweden ist in der Europäischen Union am geringsten. Die schwedische Familienpolitik fördert, anders als in Deutschland, nicht das Ernährermodell, sondern dass beide Eltern arbeiten. In Schweden profitieren Mütter und Väter von flexiblen Arbeitszeiten, billigen Betreuungsmöglichkeiten und flexiblem Elternurlaub, der Vater und Mutter ermutigt, eine Zeit lang aus dem Job auszusteigen. Seit Ende 2015 gibt es in Schweden eine neue »Behörde für Familienrecht und Unterstützung von Eltern«. Es gibt eine garantierte Ganztagsbetreuung von 6.30 Uhr bis 18.30 Uhr. Dagegen ist Deutschland Entwicklungsland. Mit der Folge, dass die Frauen hierzulande zögern, sich auf das »Wagnis Kind« einzulassen. Vielleicht auch weil sie fürchten, in die Armut abzurutschen, wenn sie ihren Nachwuchs unter Umständen alleine erziehen müssen?

Mütter als Wissenschaftlerinnen?

Wenigstens in der hehren Wissenschaft muss es doch anders sein. Da sind Kinder für Frauen doch sicher kein Karrierehindernis. Da geht es doch um Erkenntnis, um Forschung, darum, die Welt voranzubringen, nur den Fakten verpflichtet. Nicht so wie vor über 100 Jahren, als Clara Immerwahr noch lebte. Sie war eine der ersten Frauen in Deutschland mit Doktorhut. Promovierte 1900 mit 30 in Chemie, heiratete den Chemiker Fritz Haber, bekam einen Sohn. Ihre wissenschaftliche Karriere fand damit ein jähes Ende.

Über 100 Jahre später schaffen die Mädchen häufiger das Abitur, weil sie bessere Noten haben. 2010 hatten von den 20- bis 24-Jährigen 47 Prozent der Frauen Abitur. Bei ihren Großeltern, die 65 und älter sind, sind Frauen mit Abitur die Ausnahme. Gerade mal acht Prozent hatten die Hochschulreife, während es bei Männern 20 Prozent waren. In den Hörsälen der Unis sitzen heute fast genauso viele Frauen wie Männer. Frauen studieren allerdings eher Sprach- und Kulturwissenschaften, Medizin, Kunst oder Kunstwissenschaften. Männer entscheiden sich deutlich häufiger für Ingenieurwissenschaften, Mathematik und Naturwissenschaften. Gebiete, in denen später auch deutlich mehr bezahlt wird.

Hildegard Macha, Professorin für Pädagogik und Erwachsenenbildung an der Uni Augsburg, hat in einer Studie nachgewiesen, dass es Wissenschaftlerinnen schwerer haben als ihre männlichen Kollegen. Eine Ausnahme sind die Frauen aus der Ex-DDR, wo Frauen es in der Forschung leichter gehabt hätten, weil die Kinderbetreuung besser war. In der DDR gab es schon 1976 ein Babyjahr – Mütter konnten nach der Geburt des ersten Kindes ein Jahr zu Hause bleiben, bekamen 80 Prozent ihres Gehalts. Nach der Geburt des zweiten Kindes sogar das volle Gehalt. Die Rückkehr an den Arbeitsplatz war garantiert. Horte waren von sechs Uhr in der Früh bis 17 Uhr geöffnet. Die Geburtenrate stieg, war bis zum Fall der Mauer höher als in Westdeutschland. Klar, das tat der sozialistische Staat nicht aus purer Nächstenliebe. Schon kleine Kinder wurden auf den Sozialismus eingeschworen. Mütter wurden als Arbeitskräfte gebraucht. Und trotzdem wird niemand bestreiten, dass Mütter in der DDR es leichter hatten, Familie und Beruf zu vereinbaren. Nur acht Prozent der Ehen oder Partnerschaften blieben kinderlos. Nach der Wiedervereinigung ging die Zahl der Geburten in Ostdeutschland stark zurück.

Es gibt keinen Grund, die DDR zu glorifizieren. Sie war eine Diktatur, ein Unrechtsstaat, an der Mauer sind zwischen 1961 und 1989 mindestens 136 Menschen gestorben. Das darf nie, nie vergessen werden oder unerwähnt bleiben. Und trotzdem: In Sachen Kinderbetreuung und Vereinbarkeit von Familie und Beruf hätte man nach der Wende gut daran getan, manches zu übernehmen.

In ihrer Studie »Ausgebremst« über den »Mangel an Frauen in der Wissenschaft – Hintergründe und Perspektiven« beschreibt Hildegard Macha den Fall von Steffie B., Wissenschaftlerin an der Uni, befristet angestellt. Als ihr erstes Kind geboren wird, will sie Erziehungszeit nehmen. »Wenn Sie jetzt gehen, brauchen Sie nicht mehr wiederzukommen«, sagte ihr Chef und kündigte ihr – obwohl sie mit ihrer Doktorarbeit schon recht weit war.

In der *FAZ* schildert eine Kunsthistorikerin, die Professorin werden wollte, dass sie für eine Professur auf Platz zwei hinter einem Mann landete. Als der absprang, um nach Harvard zu gehen, rückte sie nicht etwa nach. Es wurden neue Gutachter bestellt, wonach wieder ein Mann auf die erste Stelle rückte, der die Professur dann auch bekam. Nachdem sie zwölfmal auf Platz zwei gelandet war, wurde die Kunsthistorikerin schließlich Professorin. Allerdings wurde sie nicht mehr verbeamtet, weil sie inzwischen 50 Jahre alt war. Als Angestellte, so schreibt sie, verdient sie nun nicht mehr als zu der Zeit, als sie noch wissenschaftliche Assistentin an der Uni war. Trotzdem sei sie froh, »es geschafft zu haben«. Geschafft?!

Und all das geschieht über 100 Jahre nach Clara Immerwahr. Die Wissenschaftlerin beging übrigens Selbstmord. Sie erschoss sich 1915.

»Gleichen Lohn für gleiche Arbeit«

Der Termin vor dem Arbeitsgericht in Berlin im Dezember 2016 war offenbar ein Ereignis. Verhandelt wurde die Klage einer preisgekrönten Journalistin der Redaktion »Frontal 21«, dem Fernsehmagazin, das Skandale aufdeckt und Ungerechtigkeiten anprangert. Sie klagte gegen ihren Arbeitgeber, das ZDF, weil sie deutlich weniger verdient als ihre männlichen Kollegen. Was die netto haben, so wurde kolportiert, habe sie brutto. Der Richter zeigte für die Klage wenig Verständnis, wie in der *Berliner Zeitung* nachzulesen war. Vielleicht verdienten Frauen einfach weniger, weil sie ja auch schwanger würden, hielt der Richter, ein älterer Herr, der kinderlosen Klägerin vor. »Willkommen im Mittelalter«, rief eine Frau aus dem Zuschauerraum, unterstützt von ungläubigem Raunen. Auf den Bänken saßen viele Frauen. Der Richter rief die »Damen auf den billigen Plätzen« zur Ordnung.

Auch der Schuhhersteller Birkenstock zahlte Frauen bis 2013 rund einen Euro weniger Stundenlohn, wie der *Spiegel* enthüllte. ZDF und Birkenstock. Ein öffentlich-rechtlicher Rundfunksender und eine renommierte Schuhfabrik bezahlen Frauen schlechter als Männer. Für die gleiche Arbeit. Leider keine Einzelfälle in diesem Land: Obwohl sie bessere Abschlüsse haben, verdienen Frauen in Deutschland heute noch immer weniger als Männer, und zwar ein Fünftel. Frauen verdienten 2015 im Schnitt 16,20 Euro brutto in der Stunde. Männer dagegen 20,59 Euro. Die Lohnlücke ist so groß wie in keinem anderen europäischen Land. Nur in Estland und Österreich werden Frauen noch schlechter bezahlt als Männer. Je nachdem wie man rechnet, verdienen Frau in Deutschland sogar bis zu 21 Prozent weniger als Männer.

Gerade hat sich die Große Koalition auf das »Gesetz für mehr Lohngerechtigkeit zwischen Frauen und Männern« geeinigt. Unternehmen mit mehr als 200 Beschäftigten sollen der Belegschaft Rechenschaft darüber ablegen müssen, wer wie viel verdient. Die Arbeitgeberverbände sind empört, würden das Gesetz am liebsten stoppen. Dabei heißt es schon in der UN-Menschenrechtserklärung von 1948: »Jeder, ohne Unterschied, hat das Recht auf gleichen Lohn für gleiche Arbeit.« Seither ist dieser Anspruch zigmal wiederholt worden, in Verträgen von Rom (1957), Nizza (2000) und Lissabon (2007). Aber Papier ist halt geduldig.

1966 streikten die Frauen einer Waffenschmiede im belgischen Herstal. Sie forderten »gleichen Lohn für gleiche Arbeit«. Ihre Kollegen streikten aus Solidarität mit den Frauen. Der *Spiegel* lobte den »Streik des Jahrhunderts«. Am Ende jedoch setzten sich die Frauen nur zum Teil durch.

Nun haben Frauen oft Berufe, die per se nicht sonderlich gut bezahlt werden. Sie sind oft Dienstleisterinnen, sitzen seltener in Chefsesseln, arbeiten in Teilzeit. Von den 20 am schlechtesten bezahlten Jobs 2015 waren die meisten Frauenberufe: ganz vorne auf der Liste Friseurinnen mit einem durchschnittlichen Jahresgehalt von knapp unter 20 000 Euro. Die Ausbildung dauert drei Jahre. Wenig verdienen auch Kellnerinnen, Kassiererinnen, Verkäuferinnen, Arzthelferinnen und Altenpflegerinnen, um nur einige zu nennen. An dieser Stelle verneige ich mich einfach mal vor diesen Kolleginnen. Und komme ins Nachdenken darüber, ob das Äquivalenzprinzip (wer viel in die Rentenkasse einzahlt, kriegt auch mehr raus) wirklich praktikabel ist. Frauen (und Männer) in diesen Berufen können gar nicht so viel einzahlen, dass sie später vor Altersarmut geschützt sind. Die Solidarrente, die Frau Nahles anstrebt, ist eine gute Idee. Mal sehen, aus welchem Topf sie bezahlt wird – ob aus der Rentenkasse oder aus

Steuermitteln. Eigentlich müssten alle Steuerzahler zusammenlegen, also auch Abgeordnete und Beamte, um diese Menschen im Alter zu unterstützen.

Warum verdienen Frauen in diesen Berufen eigentlich so wenig? Die Alten und Kranken wurden früher in Klöstern gepflegt, da gab es Gottes Lohn. Vielleicht hat die schlechte Bezahlung in diesen Berufen historische Gründe, was es nicht besser macht. Vielleicht liegt es aber auch daran, dass bis in die 1960er Jahre in Deutschland Gewerkschaft Männersache war. Nur etwa ein Fünftel der Mitglieder waren Frauen. Und noch heute sind weniger Frauen in der Gewerkschaft als Männer. Wen wundert es da, dass bei Lohnverhandlungen Frauenberufe nie an erster Stelle standen. Meistens ging es um Jobs in der Industrie, traditionell eher Männerberufe.

Wenn es um die Bezahlung geht, beißt sich die Katze in den Schwanz: Nur wer gut verdient, kann ordentlich in die Rentenkasse einzahlen. Doch selbst wenn Frauen arbeiten, zahlen sie weniger in die Rentenkasse ein, weil sie einfach nicht so gut bezahlt werden wie ihre männlichen Kollegen. Nicht mal, wenn sie die gleiche Arbeit leisten.

Das ZDF soll der Journalistin inzwischen übrigens ein Vergleichsangebot gemacht haben: Sie bekommt recht, das entgangene Gehalt wird nachgezahlt. Und dann soll sie gehen.

Das blüht Frauen also, wenn sie ihr seit Jahrzehnten festgeschriebenes Recht auf gleiche Bezahlung einfordern: Sie verlieren ihre Existenz. Wieder mal.

»Ich tobe mich lieber auf der Leinwand aus, als am Wickeltisch zu stehen.«

Dagmar Calais, Künstlerin, im Brotberuf technische Angestellte, Sozialdemokratin, 51 Jahre, verheiratet, kinderlos:

Neulich sagte ein Kollege zu mir, ich sei ein »bevölkerungspolitischer Blindgänger«. Eigentlich ein netter Mann, Vater von drei Kindern. »Du kannst ja nicht mitreden«, meinte er. Ich weiß gar nicht mehr, worum es überhaupt ging. »Du hast ja keine Kinder.« »A... loch«, gab ich zurück. Das Gespräch war damit beendet. Ich habe aufgegeben, mit solchen Leuten zu reden.

Ich hatte nie so den Drang, Mutter zu werden. Außerdem hätte ich auch nicht so ohne weiteres Kinder kriegen können, das hat mir die Entscheidung abgenommen. Nun habe ich fünf Stiefkinder, die Kinder meines Mannes, die aber alle schon erwachsen waren, als ich ihn kennenlernte. Mein Job auf dieser Welt ist ein anderer, als Mutter zu sein. Ich konzentriere mich auf meine Kunst. Meine Bilder und meine Installationen sind halt meine Kinder. Eine meiner letzten Ausstellungen habe ich für das Ghetto- und lettische Holocaustmuseum in Riga konzipiert. »Zwei Tage im Winter«, heißt sie. Es geht dabei um die Massenerschießung im nahe gelegenen Wald von Rumula, wo Ende 1941 innerhalb von zwei Tagen über 25 000 Juden erschossen worden sind. Ich habe versucht, dieses unfassbare Verbrechen in einer Kunstausstellung zu thematisieren, diesem Horror ein spürbares Bild, eine begehbare Empfindung zu geben.

Als Künstlerin will ich Wege finden, den Leuten Geschichte über Kunst zu erzählen, ohne sie zuzutexten. Ich will versuchen, einen emotionalen Zugang zu schaffen. Der emotionale Zugang ist natürlich auch durch Zeitzeugen gegeben, aber die sterben immer mehr aus. Ich will Leute erreichen, die sich sonst nicht für solche Themen interessieren. Ich will Kunst gegen das Vergessen setzen. Das ist meine Lebensaufgabe. Ich tobe mich lieber auf der Leinwand aus als am Wickeltisch.

Als kinderlose Frau wird man immer beäugt, muss sich Sprüche anhören wie den, dass man ein »bevölkerungspolitischer Blindgänger« sei. Aber wenn man über 50 ist, wird es noch mal schlimmer. Die Leute tuscheln: »Ach, mit Kindern hat es nicht geklappt, jetzt will sie sich selbst verwirklichen.« Als hätte man kein Recht auf Selbstverwirklichung. So etwas sagen die Leute einem natürlich nicht ins Gesicht. Wenn man mit ihnen spricht, kommen eher so Sätze wie: »Ach, das ist aber ein schönes Hobby, das Sie da haben.« Mit 40, 50 fangen Männer in der Kunst an, so richtig aufzudrehen. Sie ernten Anerkennung. Den Frauen bescheinigt man dagegen häufig, sie hätten mit ihrer Kunst ein schönes Hobby. Bedeutet nichts anderes, als dass man sie nicht ernst nimmt. Natürlich ist das nicht nur in der Kunst so, ich weiß.

Aber das ist halt die Alltagsdiskriminierung, die man hinnimmt. Schlimmer finde ich, wenn die Politik anfängt, Kinderlose zu diskriminieren. Das Familienwahlrecht fällt mir dazu ein. Als Sozialdemokratin ärgert es mich natürlich besonders, wenn solche Vorschläge ausgerechnet von Frauen aus meiner Partei kommen. Natürlich hat eine Familienministerin die Aufgabe, sich um Familien zu kümmern, aber das Familienwahlrecht ist ein Rohrkrepierer. Das Gewicht der Stimme von der Zahl der Kinder abhängig machen zu wollen, ist skandalös. Frau Schwesig vergisst offenbar, dass sie auch Frauenministerin ist. Sie kann nicht nur Familien bevorzugen und die Frauen vergessen. Ich halte allerdings auch nichts von dem Elterngeld von Frau von der Leyen. Es ist eine Art Herdprämie, mit der Frauen aus dem Beruf gelockt werden sollen. Wenn sie danach nicht wieder zurückfinden, hilft ihnen niemand mehr.

Die Politik soll uns endlich emanzipiert wahrnehmen. Mein Bauch gehört mir. Ich entscheide, ob ich Kinder haben will oder nicht. Nicht die Regierung, nicht die Kirche. Ich entscheide.

Bei der Frage, ob ich Kinder haben wollte oder nicht, hat mich natürlich auch das Leben meiner Mutter beeinflusst. Sie hatte einen Beruf gelernt, war Verkäuferin in einem Geschäft für Damenoberbekleidung. Als Kinder kamen, gab sie ihren Beruf auf. Das war damals selbstverständlich. Mein Vater verdiente das Geld. Meine Mutter war dann jahrelang zu Hause, hat sich um meinen Bruder und mich gekümmert. Später, als wir größer waren, wollte sie gerne arbeiten. Aber mein Vater war dagegen. Er sagte: »Nein, du brauchst nicht arbeiten. Ich verdiene genug Geld.« Da haben wir Kinder noch zusammengehalten und gesagt: »Wir wollen aber, dass Mama das macht. Wir kommen auch alleine klar.« Meiner Mutter ging es gar nicht ums Geld. Sie wollte raus. Sie wollte was anderes um die Ohren haben als Familie. Sie hat sich dann durchgesetzt und hat wieder als Verkäuferin gearbeitet. Aber es war eine Doppelbelastung für sie. Und obwohl sie ihr eigenes Geld verdiente, blieb sie von meinem Vater abhängig. Mir war klar, dass ich so nie leben wollte. Das ist auch ein Grund, weshalb ich nicht bereue, keine Kinder zu haben. Ich kenne mich. Ich wäre bestimmt eine gute Mutter geworden, hätte mich dieser Aufgabe voll gewidmet. Die Kunst hätte ich knicken können. Ich habe eben eine andere Aufgabe. Und die ist auch wichtig. Vielleicht bin ich ein »bevölkerungspolitischer Blindgänger«, aber keine politische Blindgängerin.

Das ausgebeutete Geschlecht

Familie und Beruf – in Deutschland geht das noch immer nicht zusammen. Viele Frauen steigen aus, widmen sich der Familie, nicht unbedingt freiwillig, sondern weil es anders nicht zu schaffen ist. Susanne Garsoffky und Britta Sembach beschreiben den Alltag in ihrem Buch *Vereinbarkeit?* als »ewigen Kraftakt«. »Auch wir haben lange geglaubt: Das ist alles nur eine Frage der Organisation. Wer will, der kann auch! Der einzige Haken war: Unvorhergesehenes durfte nicht passieren, denn wenn doch, führte das direkt in die Orga-Katastophe.« 82 Prozent der berufstätigen Mütter, so schreiben die Autorinnen, fühlten sich überfordert. Aus »purer Erschöpfung« kehrten Frauen zum »Rollenmodell ihrer Großmütter« zurück.

»Der häufigste Scheidungsgrund ist das zweite Kind«, sagte die renommierte Scheidungsanwältin Helene Klaar dem Magazin der *Süddeutschen Zeitung* in einem Interview. »Mit einem Kind lässt sich der Status noch aufrechterhalten. Mit dem zweiten Kind tritt der permanente Ausnahmezustand ein ...« Klaar ist selbst verheiratet und Mutter. »Ich bin überzeugt, dass die 40-Stunden-Woche viel dazu beiträgt, dass die Menschen unzufrieden sind. Man kann nicht 40 Stunden arbeiten und daneben einen Haushalt führen und die Kinder unterhalten.« Das meint auch die Soziologin Jutta Allmendinger: »Ich kann mir nicht vorstellen, wie man Kinder erziehen möchte, wenn beide Partner fünf Tage in der Woche voll erwerbstätig sind«, sagte sie in einem Interview mit der *Brigitte*.

Tatsächlich kochen, bügeln, putzen und waschen Frauen im Haushalt dreimal so viel wie ihre Männer. Vier Stunden investieren Frauen pro Tag im Haushalt, schrieb die *Zeit*. Und das ist selbst in Partnerschaften so, wo beide arbeiten. Kein Wunder also, dass die Frauen unter dieser Belastung zusammenbrechen. »Erschreckend ist die stetig wachsende Zahl von Erschöpfungszuständen – inzwischen kommen 87 Prozent aller Mütter mit dieser Indikation in die Klinik«, sagt die SPD-Bundestagsabgeordnete Dagmar Ziegler, Kuratoriumsvorsitzende des Müttergenesungswerks. »Mütter und Väter leiden gleichermaßen besonders stark unter ständigem Zeitdruck, bedingt durch Doppel- und Dreifachbelastung.«

Doch Frauen, die ihren Job an den Nagel hängen, um für ihre Kinder da zu sein, müssen sich rechtfertigen. Das erlebte nicht nur die Krankenschwester und Pflegewirtin Alexandra, die wir bereits kennengelernt haben. »Immer wieder höre ich Fragen wie: Und wann kommt dein Kind in die Kita?« Oder auch Bemerkungen wie:»Na ja, wenn du es dir leisten kannst, nicht arbeiten zu gehen«, schreibt die Pianistin und Musikpädagogin Noémi Schrodt aus Berlin. »Ich habe mich entschieden, ganz für meine Kinder da zu sein. Ein sehr persönlicher Entschluss, den jeder für sich fassen muss. Während vor einigen Jahren die Mutter, die rasch wieder ihre Arbeit aufnahm, als Rabenmutter beschimpft wurde, stehen plötzlich Frauen wie ich auf der falschen Seite.«

Noémi Schrodt hat recht. Es ist ihre Entscheidung, zu Hause zu bleiben. Dass Kinderkriegen für Frauen in diesem Land zur finanziellen Falle werden kann, ist ein Skandal. Dass Mütter, zum Beispiel durch das neue Unterhaltsrecht, schlechter abgesichert sind, ebenfalls.

»Als Mutter trete ich gerne für meine Kinder beruflich kürzer«, heißt es auf der Internetseite der Deutschen Rentenversicherung neben dem Foto einer blonden Mutter mit blonder Tochter. »Dennoch rechnet mir die Deutsche Rentenversicherung Beiträge auf meine spätere Rente an – als Baustein meiner späteren finanziellen Absicherung.« Mit Verlaub, hier werden Frauen wieder mal veräppelt, um keinen drastischeren Ausdruck zu verwenden. Die Mütterrente ist – anders als die Rentenversicherung behauptet – eben doch nicht mehr als kleines Dankeschön. Zwar werden durch die »Mütterrente« für Kinder, die vor 1992 geboren wurden, nun bis zu 24 Monate Kindererziehungszeit anerkannt. Für Kinder, die nach 1992 geboren wurden, sind es bis zu 36 Monate. Das reicht nie und nimmer, um Mütter vor Altersarmut zu schützen. Für jedes Kind, das vor 1992 geboren wurde, bekommen Mütter einen Entgeltpunkt gutgeschrieben. Macht eine Erhöhung der Bruttorente von 29,21 Euro im Westen und 27,05 Euro im Osten.

Gerade ältere Frauen, die mehrere Kinder großgezogen haben, schlittern in die Altersarmut, weil sie Kinder geboren haben, nicht genug einzahlen konnten und der Staat nur ein paar Groschen für ihre Mütterrente springen lässt. »Eine ganze Generation an Frauen – die im Schnitt noch zwei Kinder großgezogen und damit einen enormen Dienst an der Gesellschaft geleistet haben – wird für ihre Erziehungsarbeit bestraft«, schreibt Tina Groll in der *Zeit*. »Das ist nicht nur wahnsinnig ungerecht. Es zeigt auch, wie der Staat zu der Arbeitsleistung der Frauen wirklich steht: Von Anerkennung kann keine Rede sein.«

Ich habe übrigens gar nichts gegen eine Mütterrente, ich bin nur dagegen, dass ein Teil aus der Rentenversicherung gezahlt wird, wie es derzeit geplant ist. Aus der Steuerkasse sollen nur zwei Milliarden kommen. Die vollkommen gerechtfertigte und überfällige Anerkennung von Müttern ist eine gesamtgesellschaftliche Aufgabe, für die alle zahlen müssen – auch Abgeordnete und Beamte.

Ich finde sogar, dass die Mütterrente höher sein könnte.

Doch auch die Frauen der Babyboomergeneration, die wegen ihrer Kinder im Job kürzergetreten sind, sind vor Altersarmut nicht gefeit – guter Ausbildung zum Trotz. Die Wissenschaftlerinnen Barbara Riedmüller und Ulrike Schmalreck haben in einem Gutachten für die Freie Universität Berlin ausgerechnet, dass Frauen, die heute Mitte 40 bis Mitte 50 Jahre alt sind, im Schnitt mit einer Rente von etwas mehr als 600 Euro auskommen müssen.

Und Frauen, die voll arbeiten, brav einzahlen, aber keine Kinder bekommen haben, wollen Politiker die Rente kürzen oder streichen, gerade weil sie keine Beitragszahler für die Rentenversicherung geboren haben.

Man muss sich vor Augen führen, wie perfide dieses System ist: Entweder Frauen werden bestraft, weil sie Kinder geboren und erzogen haben. Oder man will sie bestrafen, weil sie eben keine Kinder geboren haben.

In diesem Land wird offenbar keine Gelegenheit ausgelassen, um Frauen auszubeuten.

Tabuthema: Ungewollt kinderlos

Es wird gerne so getan, als würden Menschen aus egoistischen Gründen keine Kinder bekommen. »Eine Gesellschaft, der eigene Kinder lästig und nicht ein Quell der Lebensfreude und der Zukunftserwartung sind, ist definitiv zum Abstieg verurteilt«, sagt zum Beispiel Ex-Verfassungsrichter Udo Di Fabio.

Dabei gibt es in Deutschland Millionen Menschen, die ungewollt kinderlos sind. Die Zahlen schwanken von 1,5 bis zwölf Millionen. Niemand weiß genau, wie viele Menschen betroffen sind. Kein Wunder, das Thema ist ein Tabu. Wie tief der Schmerz bei denjenigen sitzt, die unfruchtbar sind, kann man im Internet nachlesen. »Mittlerweile sind es fünf Jahre, die mein Mann und ich uns nichts sehnlicher wünschen als ein Kind. Fünf Jahre, in denen alle meine Freundinnen um mich herum Kinder bekommen haben und ich mich wie ein Zuschauer des Lebens fühlte«, schreibt eine Frau. Eine andere klagt: »Immer, wenn mir wieder eine meiner Freundinnen oder ein Freund freudestrahlend eröffnete, dass sie/er Mutter/Vater wird, krampfte sich etwas in mir zusammen. Ich wusste, jetzt kommt wieder der Satz: ›Und ihr? Wann ist es denn bei euch endlich so weit. Wollt ihr etwa keine Kinder?« Oder: »Wir sind seit über einem Jahr in reproduktionsmedizinischer Behandlung und ich schämte mich fast ein wenig dafür. Das, was bei allen das Normalste von der Welt war, dafür brauchten wir Hilfe! Wir können keine Kinder bekommen.« Hinzu kommen die Homosexuellen in diesem Lande, die nicht mal Kinder adoptieren dürfen. Während in Österreich das

Verfassungsgericht Anfang 2015 das Adoptionsverbot für homosexuelle Paare gekippt hat. Unsere Nachbarn sind in dieser Frage weiter.

Und es gibt Frauen, die kinderlos bleiben, weil sie schlicht keine Männer finden. Vielleicht ist auch das ein Grund, warum so viele Akademikerinnen keine Kinder haben. »Es war mein Traum, eine Familie zu gründen. Heiraten und einen Sack voll Kinder. Doch ich habe nie den richtigen Mann gefunden. So muss ich nicht nur mit meinem unerfüllten Kinderwunsch fertig werden. Nein, als Frau muss ich mich auch noch dafür entschuldigen, wenn man keine Kinder hat. Nach den Gründen fragt niemand«, sagte mir die TV-Producerin Nadine F. für einen *Stern*-Artikel über kinderlose Frauen. Die Sozialwissenschaftlerin und Professorin Christiane Dienel hat schon 2007 die These aufgestellt, dass es gebildete Frauen schwerer hätten, einen Mann zu finden. Angeblich heiraten über 90 Prozent aller Frauen einen Mann mit gleicher oder höherer Bildung. Da Frauen heute besser ausgebildet sind, stehen ihnen, wenn sie keinen Mann mit niedrigerem Bildungsniveau haben wollen, weniger Männer zur Verfügung.

»Ich wollte unbedingt Familie – das Internet ist schuld, dass es nicht geklappt hat.«

Silke, 49 Jahre, Sekretärin, unverheiratet, kinderlos:

Für mich stand immer außer Zweifel, dass ich einmal Kinder haben würde. Ich wollte sogar viele Kinder, vier vielleicht. Ich habe nur einen Bruder und fand das immer langweilig. Eine Klassenkameradin, bei der ich oft zu Besuch war, hatte drei Geschwister. Da war richtig was los, und das hat mir gefallen. Es ging zu wie im Taubenschlag. Immer war das Haus voll, es kamen Freunde zu Besuch. Die Eltern waren sehr locker drauf. So eine Familie wollte ich. Und ganz ehrlich, auch wenn man das als Frau heute ja kaum noch zugeben darf: Ich hätte nichts dagegen gehabt, meinen Job für die Familie an den Nagel zu hängen, um ganz für die Kinder da zu sein. Mein Lebensziel war es eben, in erster Linie Mutter zu werden. Alles anderes erschien mir zweitrangig.

Trotzdem fing ich an zu studieren. Ich komme aus einer Akademikerfamilie. Studieren gehört bei uns zum guten Ton.

Meinen ersten Freund, mit dem ich jahrelang zusammen war, hatte ich schon auf dem Gymnasium kennengelernt. Er studierte Jura, Kinder wollte er auch. Alles eine Frage der Zeit, dachte ich. Er würde Anwalt werden, gut verdienen, ich könnte mich zu Hause um die Kinder kümmern. Ich sah uns schon in einer Vorort-Villa mit großem Garten als glückliche Familie.

Tja, und dann eröffnete mir mein Freund eines Tages, dass er sich in eine Kommilitonin verliebt hatte. Ich fiel aus meinem Wolkenkuckucksheim und landete hart auf dem Boden der Realität.

Ich war inzwischen Mitte 20. »Andere Mütter haben auch schöne Söhne«, tröstete mich meine Mutter damals. Auch wenn ich sehr verletzt war, glaubte ich ihr. Ich sollte mich täuschen. Denn ich blieb allein. Jahr für Jahr. Während die biologische Uhr tickte und tickte. Das Studium hatte ich inzwischen geschmissen und einen Job als Sekretärin gefunden. Ich arbeitete viel und lange. Natürlich lernte ich viele Männer kennen. Aber der Richtige war nicht dabei. Halt stopp, das ist gelogen. Die Wahrheit ist: Es gab schon Männer, in die ich mich hätte verlieben können. Aber keiner dieser Männer interessierte sich für mich. Jedenfalls nicht so, dass sie eine Beziehung mit mir eingegangen wären. Ich bin wahrlich kein hässliches Entchen. Und trotzdem: Keiner biss an. Jedenfalls nicht für länger. So blieb ich allein. Irgendwann war ich über zehn Jahre Single. Und ich schämte mich dafür. Denn man kann es drehen und wenden, wie man will: Eine Frau ohne Mann ist auch heutzutage nicht besonders angesehen, auch wenn es niemand mehr offen sagen würde. Es ist, als haftete einem ein Makel an – aller Emanzipation zum Trotz.

Um mich abzulenken, zog ich mit Freundinnen, denen es ebenso ging, um die Häuser. Gemeinsam redeten wir uns ein, dass man die Typen alle in der Pfeife rauchen könne. In Wirklichkeit waren wir einsam. Und litten still vor uns hin. Jede für sich. Selbst wenn wir mit einem Glas Champagner gemeinsam anstießen.

Ich glaube übrigens, dass das ein ziemlich gutes Thema für Soziologen ist. Ich habe nämlich das Gefühl, dass es viele Frauen im Alter von 40 bis Mitte 50 gibt, die gut aussehen, erfolgreich sind und trotzdem keinen Mann gefunden haben. Ich habe dafür so meine eigene Theorie: In den ersten Jahren mag es daran gelegen haben, dass Männer vielleicht Angst hatten vor einer selbstbewussten, selbstständigen, gut verdienenden Frau. Und wir waren vielleicht ein bisschen zu anspruchsvoll. Aber dann kam das Internet. Mein Gefühl sagt mir, dass die Bereitschaft von Männern, Beziehungen einzugehen, abgenommen hat mit den

Möglichkeiten, die ihnen das Internet plötzlich bot. Als ich Mitte 30 war, fing es in etwa an. Im Netz gab es plötzlich viele Singlebörsen. Na klar habe ich mich auch dort angemeldet. Ich war ganz euphorisch. Zu ein paar Dates und Bettgeschichten hat es gereicht. Aber es war kein Mann dabei, der überhaupt auch nur bereit war, eine Beziehung einzugehen, auch wenn sie einem zunächst was anderes vorgaukeln. Das dient nur dazu, die Frau in die Falle zu kriegen. Danach ziehen sie weiter zur nächsten Frau. Das Internet macht's möglich. Warum sich binden? Verpflichtungen eingehen, finanziell für eine Familie aufkommen? Wenn das Leben doch so schön sein kann. Immer eine neue Frau, die gut aussieht – und wenn es langweilig wird, die Nächste bitte.

Sicher, klingt verbittert. Aber wenn ich ehrlich bin, bin ich genau das: verbittert. Und traurig. Nie hätte ich gedacht, dass ich mal keinen Mann finden würde. In der Kleinstadt, in der ich aufgewachsen bin, war der Markt überschaubar. Das Internet war Zukunftsmusik. Wer regelmäßig Sex haben wollte, musste sich binden. Rumvögeln war verpönt, den 68ern zum Trotz. Bei den Frauen sowieso. Und auch die Männer konnten nicht so durch die Betten toben. Das klingt nun altmodisch, aber es war wirklich so, und ganz, ganz anders als heute, wo es Tinder und diese ganzen Apps gibt.

Inzwischen bin ich 49. Zum Geburtstag schenkte mir eine Freundin eine Karte: 49 zu werden, stand darauf, ist ein bisschen wie fünf vor zwölf. Hahaha. Natürlich habe ich viel Champagner getrunken, meine Mädels (so nennen wir uns, eigentlich albern) eingeladen und gute Miene zum bösen Spiel gemacht. Nachts bin ich heulend ins Bett gefallen. Jetzt würde ich wahrscheinlich immer häufiger aussortiert werden. Schon als ich vorm Internetzeitalter auf der Suche war, kann ich nicht gerade sagen, dass es einen Run auf mich gegeben hätte.

Ach ja, Frauen wie mir wird oft geraten, wir sollten unsere Ansprüche herunterschrauben. Hab ich auch versucht. Geht nicht. Ich kann einfach nicht mit einem Mann zusammen sein, der mir geistig nicht gewachsen ist. Die Gespräche langweilen mich. Die Typen ticken ganz anders. Also bleibe ich wohl oder übel allein.

Im Übrigen empfinde ich es als ganz großes Versagen, keinen Mann gefunden zu haben, auch wenn ich das öffentlich und unter meinem richtigen Namen, nie zugeben würde. Aber ich fühle mich minderwertig, weil ich keinen Mann habe. Aussortiert eben, nicht liebenswert. Ich habe es nicht geschafft. Auch wenn ich natürlich vom Kopf her weiß, dass eine Frau nicht weniger wert ist, nur weil sie keinen Mann hat. Bescheuert, ich weiß, aber es ist leider die Wahrheit. Und es tröstet mich auch nicht, dass es vielen gut aussehenden, gebildeten Frauen auch so geht. Ich empfinde es als Mangel, allein zu sein. Und nicht nur das: Einsamkeit tut weh. Wenn ich ehrlich bin, bin ich immer froh, wenn das Wochenende rum ist. Wenn ich arbeite, kann ich verdrängen, dass mir etwas Wichtiges im Leben fehlt. Dass mein Leben anders aussieht, als ich es mir erträumt habe.

Übrigens: Mein Freund von damals hat seine Kommilitonin geheiratet. Sie haben inzwischen eine Anwaltskanzlei zusammen. Kinder haben sie keine. Hat nicht geklappt, heißt es. Und wenn ich ehrlich bin, freut mich das heimlich. Gehässig, ich weiß. Aber ich glaube, ich hätte es schlecht ertragen, wenn seine Frau jetzt das Leben führen würde, das ich mir erträumt hatte.

Eine Freundin hat mir neulich vorgeschlagen, mal ins Tierheim zu gehen und mir eine Katze zu holen. Oder noch besser gleich zwei. Vielleicht gar keine schlechte Idee. Ich suche mir zwei Katzen, die keiner will. Mich will ja auch keiner. Vielleicht passt das.

So, und nun zu all den Leuten, die Kinderlose bestrafen wollen. Ich habe mir dieses Leben nicht ausgesucht. Ich hätte gerne Kinder in die Welt gesetzt. Ich leide, weil es nicht geklappt hat. Und nun soll ich bestraft werden dafür, dass ich ein Leben führe, das ich mir nicht ausgesucht habe? Spinnt Ihr?!

»Was aber bieten wir der am besten ausgebildeten Frauengeneration?«

Es war auf dem Bundesparteitag der SPD 2003 in Bochum. Ich war 38, ledig, kinderlos und als Journalistin beruflich dort. »Weniger Kinder bedeuten auch schon heute weniger Wohlstand für unsere Gesellschaft«, sagte Renate Schmidt, damals Familienministerin. Die Delegierten applaudierten. »Wir haben in Deutschland in der Zwischenzeit die viertschlechteste Geburtenrate der Staaten in der Europäischen Union. Wir sind mit unserer Geburtenrate weltweit auf den 180. Platz von 191 Nationen zurückgefallen. Gleichzeitig – das mag manche, die nicht in der SPD sind, erstaunen – ist die Erwerbsbeteiligung von Frauen ebenfalls im unteren Mittelfeld zu suchen und nicht etwa an der Spitze.«

Ich kann nicht leugnen, dass ich mich angesprochen fühlte. Für Kinder wäre es höchste Eisenbahn gewesen, aber der Mut hatte mich verlassen. Renate Schmidt brachte ziemlich gut auf den Punkt, warum. »Was aber bieten wir der am besten ausgebildeten Frauengeneration derzeit noch in Westdeutschland für ein Lebensmodell? Sich gut ausbilden lassen, dann ein paar Jahre erwerbstätig sein, dann tickt die sogenannte biologische Uhr, dann muss die Entscheidung getroffen werden: Kind ja oder nein? Wenn die Entscheidung ja heißt, dann heißt es für die betroffenen Frauen erst einmal: drei Jahre raus aus dem Beruf, weil wir nicht die notwendige Kinderbetreuung haben. Dann findet frau vielleicht mit dem dritten Lebensjahr ihres Kindes einen der raren echten Ganztagsplätze in einem Kindergarten in Westdeutschland. Dann kann sie wieder erwerbstätig sein. Viele finden aber so einen Ganztagsplatz nicht.«

Inzwischen gibt es einen Rechtsanspruch auf einen Kita-Platz. Auf wie viele Stunden Betreuung Eltern pochen können, steht nicht im Gesetz. Das Verwaltungsgericht München entschied: Je kleiner das Kind, desto kürzer sollte es außer Haus betreut werden. Die Höchstgrenze legte das Gericht auf neun Stunden, also 45 Wochenstunden fest. Mehr sei mit dem Kindeswohl nicht vereinbar. Doch noch immer fehlen in Deutschland Erzieher und Erzieherinnen. Einer Studie der Bertelsmannstiftung zufolge fehlen in Deutschland über 100 000 Betreuer. Obwohl zwischen 2006 und 2014 nach Angaben des Familienministeriums rund 400 000 Plätze geschaffen worden sind, fehlen noch immer Kita-Plätze, vor allem in Groß- und Universitätsstädten. Im kleinen Bremen fehlen zum Beispiel 1 200 Kita-Plätze. Eltern müssen sich um Kita-Plätze regelrecht bewerben. Kita-Casting, nennt sich das. »Die Krippensuche in München erinnert mich an ein Massen-Casting, wie es Studenten um ein mickriges, teures, aber begehrtes WG-Zimmer in unserer Stadt veranstalten. Krippensuche ist fast schlimmer als Jobsuche«, erzählte die Mutter eines elf Monate alten Sohnes der *tz* in München.

Und das alles, weil dieses Land den Wandel verschlafen hat und über Jahrzehnte einem veralteten Frauenbild aufgesessen ist. Ein Blick in die Nachbarländer zeigt: Überall, wo Frauen Familie und Beruf miteinander vereinbaren können, wie in Schweden, Finnland oder Frankreich, bekommen die Frauen Kinder.

»Noch immer sind Familie und Beruf in Deutschland schwer zu vereinbaren«, sagte Renate Schmidt der *Bild am Sonntag* 2014, elf Jahre nach ihrer Rede auf dem SPD-Parteitag in Bochum. »Das ist das größte Hindernis bei der Entscheidung für Kinder.« Der Staat müsse für »gute Kitas und Ganztagsschulen«, die Arbeitgeber für »familienfreundliche Arbeitszeiten« sorgen. Ach ja.

Aber in diesem Land ist Politik über Jahrzehnte von – sorry – alten Säcken, gemacht worden, die selbstverständlich so erzogen worden sind, dass Frauen Kinder kriegen. Adenauer wurde 1876 geboren. Sein Familienminister Wuermeling 1900. Norbert Blüm kam 1935 zur Welt. Ex-Kanzler Kohl ist Jahrgang 1930. Sie alle sind aufgewachsen in einer Welt, in der es selbstverständlich war, dass Frauen Kinder gebären und das Heim hüten, Angehörige pflegen. Es sind Politiker, die Weichen gestellt haben. Und nicht zuletzt Ex-Kanzler Schröder, Jahrgang 44, der Familien- und Frauenpolitik für »Gedöns« hielt. Es lohnt sich übrigens, mal genauer hinzusehen, wer Kinderlose zur Kasse bitten will: Es sind meistens Männer gehobenen Alters, Väter mehrerer Kinder. Ihre Karrieren sind so steil verlaufen, dass man sich fragt, wer ihre Kinder überwiegend erzogen hat. Die Mütter vielleicht?

Und Frau Schmidt kämpft inzwischen für ein Familienwahlrecht, das das Gewicht der Stimme einer Frau an die Zahl ihrer Kinder knüpfen will.

Und was passiert, wenn gut ausgebildete Frauen die Kindererziehung dem Vater überlassen? Die Rollen tauschen?

Sie müssen sich rechtfertigen, wie die Geschichte der 48-jährigen Birgit zeigt. Die Journalistin ernährt ihre Familie alleine, während ihr Mann die Kinder versorgt. Respekt und Anerkennung kriegt sie dafür nicht.

»Ich, die Rabenmutter«

Birgit, 48, Journalistin, verheiratet, Mutter dreier Kinder, Allein-verdienerin:

Als meine Tochter noch klein war, vor ein paar Jahren, nahm mich die Kindergärtnerin zur Seite. »Emma hat in die Hose ge-macht. Ich glaube, ihre Tochter hat sie vermisst. Sie waren ja mal wieder auf Dienstreise«, sagte sie tadelnd. Tatsächlich war ich im Ausland gewesen. Das gehört zu meinem Job. Ich reise viel, schreibe für ein großes Magazin, verdiene das Geld für meine Familie. Mein Mann ist Hausmann. Kümmert sich um unsere drei Kinder, kocht für sie, putzt, wäscht – zumindest, wenn ich nicht da bin. Er ist unseren Kindern eine gute Mutter. Das ist zwischen uns so vereinbart. Ich habe die bessere Ausbildung, verdiene mehr.

»Aber mein Mann war doch da. Er ist immer zu Hause. Ich muss halt arbeiten, Geld verdienen. Wenn wir beide von Hartz IV leben müssten, wäre das auch nichts«, entgegnete ich und fand mich ziem-lich schlagfertig. Doch die Kindergärtnerin ließ nicht locker. »Na ja, aber ein Kind braucht halt seine Mutter«, sagte sie glatt. Da fiel mir erstmal nichts mehr ein, aber ich habe mich tierisch geärgert.

Ich glaube nicht, dass sich je einer der Väter, die dauernd auf Dienstreise und fast nie zu Hause sind, sich so etwas anhören müssen. Aber das war ja nicht der einzige Spruch. »Ganz schön egoistisch von dir, immer auf Reisen zu gehen«, schleuderte mir neulich ein Fotograf entgegen. Egoistisch? Ich? Ich ernähre mit meinem Gehalt fünf Menschen. Und muss mich verteidigen, weil ich als Mutter nicht zu Hause bleibe, sondern Vollzeit arbeite.

Mein Mann wird dagegen von anderen immer nur gelobt. Vor allem Frauen sind ganz aus dem Häuschen, wenn sie ihn mit den Kindern spielen sehen: »Wie rührend der mit den Kindern umgeht«, sagen sie entzückt. Klar, er geht so rührend mit den Kindern um wie Mütter mit ihren Kindern. »Und nein, dass er auch noch für sie kocht …« Mein Gott, das machen Millionen Mütter in Deutschland jeden Tag. Aber bei den Frauen ist das selbstverständlich. Wenn ein Mann sich um die Kinder kümmert und den Haushalt schmeißt, ist er für viele Frauen gleich ein Held. Und seine Frau, die das Geld verdient, ist die Rabenmutter, die ihre Kinder im Stich lässt.

Übrigens ist es nicht so, dass ich zu Hause nichts tue. Wenn ich am Wochenende zu Hause bin, putze ich die Klos, gehe einkaufen und koche. Das erwartet mein Mann nämlich. Ich glaube, von keinem Mann, der beruflich die ganze Woche unterwegs ist, wird erwartet, dass er, wenn er zu Hause ist, putzt, einkauft, wäscht, bügelt und kocht. Aber von mir, einer berufstätigen Mutter, wird es erwartet. So als hätte ich was gutzumachen.

Ich kann mir gar nicht leisten, auf Teilzeit zu gehen, habe es auch nicht vor. Vor Jahren, ich war gerade wieder Mutter geworden, sagte ein Chef mal zu mir: »Sie wollen doch wohl nicht in Teilzeit gehen? Das sehen wir hier nicht so gerne.« Und ich war wieder mal einfach nur baff.

Die meisten Freundinnen, die ich habe, sind kinderlos. Vor allem die Frauen, die in der Medienbranche arbeiten. Meine Freundin war früher Kamerafrau und richtig gut im Geschäft. Sie kriegte drei Kinder, so wie ich, blieb Jahre zu Hause. Dann trennte sie sich von ihrem Partner und fand keinen neuen Job als Kamerafrau, weil sie zu lange raus war. Nun arbeitet sie am Flughafen, steht morgens am Check-in-Schalter, fertigt das Gepäck der Fluggäste ab. Weil die Kohle nicht reicht, verkauft sie auf dem Markt Obst und Gemüse. Es ist riskant, als Mutter aus dem Job auszusteigen. Aber wenn man voll arbeitet und dem Ehemann die Kinder überlässt, ist man die Rabenmutter.

Es leben zu viele Menschen auf der Welt

Was auch aus dem Blick gerät: Vielleicht werden in Deutschland zu wenig Kinder geboren, aber es gibt zu viele Menschen auf der Welt. Mit dem Jahreswechsel 2015 auf 2016 lebten fast 7,4 Milliarden Menschen auf der Erde. 83 Millionen mehr als im Vorjahr. Die Erdbevölkerung wächst und wächst. Jede Minute werden 159 Menschen auf der Welt geboren. Vor allem in den ärmsten Ländern der Erde. Das sind jeden Tag über 200 000 Menschen. Und im Jahr sind es über 83 Millionen. Oder anders ausgedrückt: Jedes Jahr werden auf der Welt mehr Menschen geboren, als die Bundesrepublik Einwohner hat. Prognosen gehen davon aus, dass im Jahr 2100, also in rund 80 Jahren, rund elf Milliarden Menschen auf der Erde leben werden. »Wo soll die Nahrung herkommen, die jeder Einzelne täglich zum Überleben benötigt und von der ja bereits heute jeder Sechste zu wenig hat«, fragt Valentin Thurn in seinem Kinofilm »10 Milliarden. Wie werden wir alle satt?«.

Der Club of Rome hat jüngst gefordert, Frauen, die 50 Jahre alt sind und maximal ein Kind großgezogen haben, mit einer Prämie von 80 000 Dollar zu belohnen. Die Zukunftsforscher, die schon seit Jahren vor ungebremstem Wachstum warnen, schreiben in ihrem Bericht, ein Prozent Wachstum sei »genug«. Sie wollen »mit wenig Wachstum soziale Ungleichheit, Arbeitslosigkeit und Klimawandel bekämpfen«.

An dieser Stelle wird deutlich, wie willkürlich die Debatte geführt wird. In Deutschland wird Kinderlosen vorgeworfen, nichts für den »Bestand der Gesellschaft« getan zu haben. Global gesehen wollen Zukunftsforscher Frauen auszeichnen, die auf Kinder verzichtet haben. Man kann die Rechnung also auch anders aufmachen. Und Eltern vorwerfen, sie hätten für die Weltüberbevölkerung gesorgt.

Je nachdem, wie es gerade politisch opportun ist. Oder eine Art Familienbilanz aufstellen, in der ausgewiesen wird, welches Familienmitglied wie viel verdient hat, wie viel Steuern und Sozialleistungen es gezahlt hat. Wer in welcher Familie welche Leistungen bezogen hat. Und ausrechnen, wie viele Kinder die Familie noch hervorbringen muss, damit die Bilanz ausgeglichen ist. Science-Fiction?

Ja, aber es gab schon mal einen Arzt, der Familien kartografiert hat. Der Arzt Dr. Rainer Fetscher sammelte ab 1923 – mit dem Segen des sächsischen Justizministeriums – in Sachsens Gefängnissen die Daten von Kriminellen für eine »Erbbiologische Kartei« von »biologisch Minderwertigen«. Er sah darin die »Möglichkeit der Verbesserung der Erbwerte unseres Volkes«. Der Arzt konzentrierte sich zunächst auf Sexualtäter. Ab 1925 begann Fetscher jedoch mit der »systematischen Erfassung« aller Häftlinge in Sachsen und deren Familien, um eine »umfangreiche Kartothek über dissoziale Familien Sachsens« zu schaffen. Fetscher sammelte im Laufe der Jahre eigenen Angaben zufolge die Daten von über 13 000 Familien mit rund 150 000 Personen. Fetschers Kartei diente den Nazis als Vorlage für die Verfolgung sogenannter Minderwertiger: »Nach 1933 konnten die faschistischen Machthaber auf die Kartei als eine Einrichtung zurückgreifen, welche wohl von entscheidender Bedeutung für die systematische Realisierung ihres barbarischen Feldzuges gegen alle Formen ›ererbter Minderwertigkeit‹ war. Die darin Registrierten mußten ständig in Angst leben, mit einem Eheverbot belegt bzw. zwangsweise sterilisiert zu werden oder später, im Rahmen des beispiellosen Euthanasie-Programms, dem organisierten Massenmord zum

Opfer zu fallen«, wie der Dresdner Arzt Dr. Steffen Sachse in seiner Dissertation schreibt. Noch heute tragen in Dresden eine Straße und ein Platz Fetschers Namen.

Wenn der Staat im Ehebett mitmischt ...

Es gibt berühmte Beispiele dafür, dass es schiefgeht, wenn der Staat im Ehebett mitmischt. Anfang der 80er Jahre führte die Volksrepublik China die »Ein-Kind-Politik« ein. »Ein grausames Diktat und ein Eingriff in die privateste aller Entscheidungen, oft durchgesetzt mit Zwangsabtreibungen und hohen Geldstrafen«, schrieb die konservative *Welt* treffend.

Die chinesische Regierung wollte mit ihrer Ein-Kind-Politik Hungersnöte vermeiden und den wirtschaftlichen Fortschritt fördern. Sie erreichte das Gegenteil. Die Bevölkerung wird immer älter. Immer mehr Junge müssen für die Rente der Alten aufkommen. Vor einigen Jahren lockerte die Kommunistische Partei die Politik. Ehepaare durften nun zwei Kinder kriegen, wenn beide Ehepartner Einzelkinder gewesen waren. Ende 2015 hob die Kommunistische Partei die Ein-Kind-Politik auf. Jetzt dürfen alle Chinesen zwei Kinder kriegen. Kritiker, die forderten, den Menschen selbst zu überlassen, wie viele Kinder sie bekommen wollen, blieben ungehört.

Vermutlich kommt die Wende zu spät. In China herrscht Frauenmangel. Im Zuge der Ein-Kind-Politik wurden Mädchen abgetrieben, weil Stammhalter traditionell mehr gelten. Wenn schon ein Kind, dann wenigstens einen Jungen, dachten die Menschen offenbar. Nun finden Männer keine Frau mehr, mit der sie auch nur ein Kind zeugen könnten.

Das Gegenteil in Rumänien: Kinder waren für den rumänischen Diktator Nicolae Ceaușescu »Sterne unserer Zukunft«. Er träumte von einem großen Volk, wollte viele Untertanen, möglichst 30 Millionen.

Per Gesetz verbot er Frauen, Verhütungsmittel einzusetzen oder abzutreiben, bis sie nicht mindestens fünf Kinder geboren hatten. Eine Mutter von zehn Kindern wurde als »Heldenmutter« gefeiert. Fürs elfte Kind gab es eine Prämie.

Frauen, die abtrieben, kamen ins Gefängnis. Ceauşescu betrachtete schon den Fötus als »sozialisiertes Eigentum der Gesellschaft«. Kinderlose mussten Strafsteuern zahlen. Also wurden Kinder geboren – egal, ob sie gewollt waren oder nicht. Egal, ob ihre Eltern sie ernähren konnten. Viele Kinder wurden nach der Geburt in den Kliniken zurückgelassen oder ins Waisenhaus gebracht. Der Staat begrüßte das sogar, förderte die Heimerziehung, hoffte, seine kleinen Neubürger so zu vorbildlichen Sozialisten erziehen zu können. Doch viele Kinder waren behindert, weil ihre Mütter versucht hatten, sie noch im Mutterleib abzutreiben.

Nachdem Ceauşescu 1989 gestürzt und hingerichtet worden war, schockierten die Fotos von verwahrlosten, halb verhungerten Waisenkindern die Welt. Mit 150 Millionen Mark versuchte die EU, den Waisenhäusern allein in den ersten sieben Jahren zu helfen. Das Geld reichte nicht.

Noch heute werden in Rumänien viele Kinder in Heime gegeben, was inzwischen gesellschaftlich akzeptiert ist. Eltern haben sich daran gewöhnt, dass der Staat ihnen die Kinder abnimmt. In Rumänien und Bulgarien leben die meisten Waisenkinder in der EU.

Ob familienpolitische Maßnahmen greifen, ist schwer zu sagen. Die Leistungen, die Eltern bekommen, weil sie Kinder haben, also Kindergeld, Steuervorteile, Erziehungs- oder Elterngeld haben sich von 1960 bis 2000 fast versechsfacht. Mehr Kinder wurden trotzdem nicht geboren. Nur weil der Staat den Bürgern Geld in die Tasche steckt, kriegen sie nicht unbedingt mehr Kinder. 4,6 Milliarden Euro lässt sich der Staat das Elterngeld kosten.

Ob das Elterngeld »zu einem Einstellungswandel und einer gesteigerten Geburtenrate« geführt habe, könne man »erst in etwa 25 bis 30 Jahren« beurteilen, schreiben die Autoren des Buches *Generationenvertrag statt Generationenverrat*.

Deutschland müsse »weitere konkrete Maßnahmen einleiten, um die Geburtenrate in Deutschland positiv zu beeinflussen«, heißt es in dem Buch, für das Finanzminister Wolfgang Schäuble das Vorwort geschrieben hat. Warum?

Warum müssen in Deutschland mehr Kinder geboren werden, obwohl die Weltbevölkerung explodiert? Warum müssen in Deutschland mehr Kinder geboren werden, obwohl es genügend junge Flüchtlinge gibt, die wir integrieren könnten?

Mehr Kinder?!

Wir werfen Kinder aus dem Land, obwohl wir angeblich Neubürger brauchen. Die meisten Flüchtlinge, die nach Deutschland kommen, sind jung. Über die Hälfte sind 25 Jahre alt, etwa zwei Drittel unter 34 Jahre alt. In Deutschland leben über 300 000 minderjährige Flüchtlinge. Gut ein Drittel sind sogar noch Kinder unter sechs Jahren. Hinzu kommen die unbegleiteten minderjährigen Flüchtlinge. Was für ein Pfund.

Nachdem in Freiburg ein Flüchtling die Medizinstudentin Maria L. vom Rad gerissen, vergewaltigt und getötet hat, musste sich Kanzlerin Merkel rechtfertigen, warum sie so viele Menschen ins Land gelassen habe. Ein grausamer Mord, keine Frage. Es lässt sich auch nicht leugnen, dass Männer ins Land kommen, deren Frauenbild, gelinde gesagt, korrekturbedürftig ist, das haben auch die Silvesterübergriffe auf Frauen 2015 in Köln gezeigt. Der mutmaßliche Mörder von Maria postete auf Facebook ein Bild, das einen Mann mit Wolfskopf zeigt, der eine Frau überwältigt. Der Mann hatte, wie der *Stern* enthüllte, in Griechenland schon mal eine Frau angegriffen und schwer verletzt. Die dortigen Strafverfolgungsbehörden hatten ihn laufen lassen. Er hätte nie nach Deutschland kommen dürfen, seine Vorstrafe war für die deutschen Behörden nicht einsehbar gewesen. In den ARD-Tagesthemen bezog Merkel Stellung: »Wenn es sich herausstellen sollte, dass es ein afghanischer Flüchtling war, dann ist das absolut zu verurteilen, genauso wie bei jedem anderen Mörder … Und dann sage ich, dass damit aber nicht die Ablehnung einer ganzen Gruppe verbunden sein kann, so wie wir auch sonst nicht von einem auf eine ganze Gruppe schließen können.« Auch der Attentäter von Berlin ist Flüchtling. Wie der Mörder von Maria war er ein Krimineller, der schon im Ausland im Gefängnis gesessen hatte und nie ins Land gedurft hätte.

Und trotzdem: 2015 hat das Innenministerium rund 1,3 Millionen Menschen gezählt, die nach Deutschland kamen. Im ersten Quartal 2016 waren es knapp 174 000. Die meisten kamen aus Syrien, Irak, Afghanistan und Iran. »Der weitaus größte Anteil der Zuwanderer beging keine Straftaten«, schreibt das Innenministerium in einem Lagebericht zur »Kriminalität im Kontext von Zuwanderung«. 2015 wurden über drei Millionen Straftaten begangen. In rund 200 000 Fällen war mindestens ein Flüchtling beteiligt. In den meisten Fällen begehen Flüchtlinge Diebstähle. Die Zahl der Sexualdelikte macht nicht mal ein Prozent aus. Die Mehrzahl aller Verdächtigen bei Sexualdelikten waren Deutsche.

»Die vielen Flüchtlinge bedeuten einen enormen volkswirtschaftlichen Nutzen für das geburtenschwache Deutschland«, schreibt der ehemalige SPD-Bundesvorsitzende Franz Müntefering in der *Süddeutschen Zeitung*. »Sonst sehen wir alt aus.« Der gleichen Meinung ist Soziologieprofessor Hondrich: »Junge und qualifizierte Einwanderer rechnen sich für Wirtschaft und Sozialstaat in der Regel besser als hierzulande geborene Kinder«, schreibt er. »Letztere müssen hier erzogen, großgezogen, gepflegt, gebildet werden. Für Erstere geschieht das alles in ihrer Herkunftsgesellschaft. Als Berufstätige können sie direkt in die sozialen Sicherungssysteme einzahlen.«

Zugegeben, die Zahlen sind frustrierend. Ende 2016 hatten innerhalb der vergangenen zwölf Monate gerade mal 34 000 Flüchtlinge eine Stelle auf dem ersten Arbeitsmarkt gefunden. Über eine halbe Million waren arbeitslos.

Doch dieses Land, das händeringend auf Neubürger angewiesen ist, holt selbst Kinder, die man ausbilden könnte, aus Klassenzimmern, um sie abzuschieben.

Im September 2015 standen plötzlich zwei Polizisten in Zivil im Sekretariat einer Berliner Schule. Sie wollten einen 14-jährigen Bosnier abholen, der abgeschoben werden sollte. Der Asylantrag seiner Familie war abgelehnt worden. Der Junge saß gerade in einer »Willkommensklasse«, als die Beamten ihn abholten. »Ein pädagogischer Supergau«, schimpfte der Schulleiter gegenüber dem Deutschlandradio. »Die Schule ist nicht Tabuzone und wird es auch nicht werden«, entgegnete Staatssekretär Bernd Krömer (CDU) kühl. Wenige Wochen zuvor war eine siebenjährige Serbin von der Bundespolizei in Zivil aus dem Klassenzimmer einer Willkommensklasse abgeführt worden. »Die Folge war, dass nicht nur die betroffene Schülerin schockiert war und in Tränen ausbrach. Auch Mitschüler, von denen viele extreme Fluchterlebnisse zu verarbeiten haben, waren sehr verstört«, sagte Jugendsenatorin Sandra Scheeres (SPD) der *Berliner Zeitung*.

In Hamburg wurden in den ersten drei Monaten des Jahres 2016 79 Kinder und Jugendliche im schulpflichtigen Alter abgeschoben, darunter sogar ein Kind, das in Hamburg geboren worden war. Im Jahr davor, also 2015, waren es 109 Schüler, davon sechs in Deutschland Geborene. Aber in Deutschland bekommt man die Staatsbürgerschaft – anders als in den USA – nicht automatisch, wenn man hier geboren ist. In Deutschland gilt das Abstammungsprinzip. Nur wer als Kind deutscher Eltern geboren wird, ist automatisch deutscher Staatsbürger. Reicht auch, wenn nur ein Elternteil Deutscher ist. Ansonsten gilt: Mindestens ein Elternteil muss sich acht Jahre in Deutschland aufhalten und einen gültigen Aufenthaltsstatus haben.

Zwischen 1992 und 1999 wurden laut Migrationsbericht Deutschland pro Jahr etwa 100 000 Kinder geboren, die ausschließlich eine ausländische Staatsbürgerschaft hatten. Macht 800 000 Kinder, die innerhalb von acht Jahren in Deutschland geboren wurden, aber nicht automatisch Deutsche sind. 2000 wurde das Gesetz geändert. Seither bekommen Kinder, die in Deutschland geboren werden, neben der Staatsbürgerschaft ihrer Eltern unter bestimmten Voraussetzungen auch die deutsche Staatsbürgerschaft. Insgesamt wurden bis 2014 mindestens 521 000 Kinder, die seit der Reform des Staatsangehörigkeitsrechts im Jahr 2000 von ausländischen Eltern in Deutschland geboren wurden, deutsche Staatsbürger.

Der Fall von Kate A. sorgte 2010 bundesweit für Wirbel. Kaum hatte die damals 20-jährige Ghanaerin ihr Abitur mit 1,8 in der Tasche, sollte sie abgeschoben werden. Mit 15 war sie illegal nach Deutschland eingereist, wo ihre Mutter schon illegal lebte. Ihre Mutter hielt sich und ihre Tochter mit Putzjobs über Wasser. »Kate war besser in Deutsch als manch einer ihrer einheimischen Mitschüler«, sagte mir einer ihrer Lehrer. Obwohl der Staat ihr ein teures Abitur finanziert hatte, sollte sie aus Deutschland verschwinden. Kate A. hatte sich einen Anwalt genommen, war jedoch vor dem Verwaltungs- und Oberverwaltungsgericht gescheitert. Ihre Mutter war schon illegal eingereist, da half es auch nicht, dass die Tochter auf dem besten Wege war, ein Musterbeispiel gelungener Integration zu werden. Die illegale Einreise ihrer Mutter war ein Fehler gewesen, der juristisch nicht zu heilen war, wie es so schön heißt. Der Fall löste eine bundesweite Debatte aus. Die Härtefallkommission der Hamburger Bürgerschaft entschied schließlich, dass Kate A. in Deutschland bleiben durfte. Der Filmproduzent Markus Trebitsch verarbeitete ihr Schicksal in dem Fernsehfilm »Der Hafenpastor« und Kate A. spielte darin mit. Das Letzte, was ich von ihr hörte, war, dass sie Zahnmedizin in Kiel studiert. Ob der deutsche Staat die Zahnärztin Kate A. eines Tages doch noch abschiebt?

Der 29-jährige Julio K. floh im Sommer 2015 aus Kamerun. Im Norden des Landes wütet die Terrormiliz Boko Haram von Nigeria aus. Sie ermordet unschuldige Menschen, entführt Frauen, plündert, brennt Dörfer nieder. In Kamerun gibt es kein Recht auf freie Meinungsäußerung. Menschenrechtler, Lesben, Schwule werden verfolgt. Willkürliche Festnahmen sind an der Tagesordnung. Es gibt die Todesstrafe.

Julio K. hatte eigenen Angaben zufolge ein paar Semester Wirtschaftswissenschaften studiert, bevor er mit dem Schlauchboot übers Meer nach Italien floh. Nach den Buchstaben des Gesetzes hätte er dort bleiben und dort seinen Asylantrag stellen müssen. Doch Julio K. reiste weiter nach Deutschland, fand eine Lehrstelle bei einem Bäcker in Brandenburg. Bäckermeister Heino F. hatte lange vergebens nach einem Lehrling gesucht. Die Ausbildung ist bei Jugendlichen nicht sonderlich beliebt, man muss früh aufstehen, spätestens um vier Uhr morgens in der Backstube sein. Deshalb hatte die Ausländerbehörde ausdrücklich ihren Segen gegeben. Doch dann kam das Bundesamt für Migration und Flüchtlinge, mäkelte, dass Julio K. zuerst in Italien gewesen sei. Und dass dort nun auch das Asylverfahren durchgeführt werden müsse.

Anfang November 2016 sollte der junge Mann nach Italien abgeschoben werden. Die Handwerkskammer und Brandenburgs Wirtschaftsminister Albrecht Gerber (SPD) nahmen sich der Sache an. Das Bundesamt fand dann doch ganz schnell noch eine »rechtskonforme Ausnahmemöglichkeit«. Das Asylverfahren wird nun doch in Deutschland bearbeitet und Julio K. darf bleiben, um seine Ausbildung hier abzuschließen. Der Minister kam persönlich in die Backstube, um dem Flüchtling die frohe Botschaft öffentlichkeitswirksam zu überbringen.

Mal sehen, was in drei Jahren ist. Ob dann das neue Integrationsgesetz greift? Immerhin dürften Geduldete nun so lange bleiben, bis sie ihre Berufsausbildung abgeschlossen haben. Wenn sie nach der Ausbildung übernommen werden, bekommen sie ein Aufenthaltsrecht für zwei Jahre. Wer nicht übernommen wird, wird sechs Monate geduldet, um sich einen Arbeitsplatz suchen zu können. Mal sehen, ob Julio K. bleiben darf. Oder ob er doch irgendwann nach Kamerun zurück muss, nachdem er in Deutschland teuer ausgebildet worden ist.

Zur gleichen Zeit wie Julio K. sorgte eine Familie aus dem sächsischen Meißen für Schlagzeilen. Die fünfköpfige Familie

Q. war 2013 aus Tunesien vor Islamisten nach Deutschland geflohen und hatte sich bestens in integriert. Alle sprechen fließend Deutsch. Die Mutter war nach einem Praktikum im Bundestag von einer SPD-Abgeordneten als Mitarbeiterin übernommen worden. Die Tochter war Klassenbeste in der Grundschule. Vater Ahmed Q. sollte eine Ausbildung in einem Hotel beginnen. Das Hotel wollte ihn unbedingt wegen seiner perfekten Arabisch- und Französischkenntnisse. Doch das Landratsamt genehmigte den Ausbildungsvertrag nicht. Die Abschiebung war schon in die Wege geleitet worden. Parteiübergreifend regte sich der Protest. SPD, CDU, FDP und die Unabhängige Liste Meißen protestierten. Genau wie viele Bürger, die sich am Bahnhof trafen, um gegen die Abschiebung der beliebten Familie zu demonstrieren. Besonders tragisch: Die Familie hatte bei der Einreise ihre richtigen Pässe vorgelegt. Das erleichterte den Behörden die Abschiebung enorm. Die Familie saß schon im Flugzeug nach Tunis. Fünf Minuten vor dem Start durften sie es wieder verlassen. Die Härtefallkommission hatte sich des Falles angenommen. Nun wird neu verhandelt.

Und noch ein Fall aus Deutschland im Jahr 2016. Die Bauarbeiter einer bayerischen Firma streiken für ihren Arbeitskollegen Tavus Q. Der Flüchtling aus Afghanistan arbeitet seit Jahren in der Firma. »Tavus bestreitet seinen Lebensunterhalt alleine, verdient sein eigenes Geld, bezahlt Steuern und Krankenversicherung wie jeder andere berufstätige Mitbürger auch. Doch ab dem 1. Oktober soll seine Arbeitserlaubnis nicht verlängert werden, damit droht ihm die Abschiebung. Wir stehen hinter Tavus! Für uns ist nicht nachvollziehbar, dass voll integrierte Flüchtlinge, die inzwischen Jahre bei uns tätig sind und niemandem mehr auf der Tasche liegen, abgeschoben werden«, schreiben die Kollegen und legen ihre Arbeit nieder. Der Hilferuf verbreitet sich über Facebook, die Presse berichtet bundesweit. Auch der Chef will Tavus Q. behalten.

Doch sein Asylantrag wurde abgelehnt, die Duldung läuft aus. Der Mann hatte versäumt, sich einen gültigen Pass zu besorgen.

Das Landratsamt lässt nicht mit sich reden. »Wir haben keinen Spielraum mehr«, sagte ein Sprecher zur Presse. Die Regierung von Oberbayern nahm sich des Falles an. Keine Wende. Sobald ein gültiger Pass vorliegt, soll Tavus Q. abgeschoben werden.

Und das sind alles Fälle, die im November 2016 für Schlagzeilen sorgten. Drei Monate, nachdem das Integrationsgesetz in Kraft getreten war. »Befürworten Sie das neue Integrationsgesetz der Bundesregierung?«, wollte *Zeit-Online* von seinen Lesern wissen. 66 Prozent antworteten mit Nein.

Auch das ist Teil der Wahrheit: Obwohl Deutschland dringend auf Neubürger angewiesen ist, schottet sich das Land seit Jahrzehnten ab. »Deutschland ist unser Vaterland, Europa unsere Zukunft«, sagte Kanzler Helmut Kohl 1991 in seiner Regierungserklärung. »Unser Ziel ist das Europa ohne Grenzen ... Wir müssen uns dabei im klaren sein, daß wir nicht alle aufnehmen können, die zu uns kommen wollen. Die Bundesrepublik Deutschland ist kein Einwanderungsland. Aber die Integration derjenigen, die bei uns leben, wollen wir fördern.« Wolfgang Schäuble (CDU) freilich machte 2006 zur Eröffnung eines Integrationskongresses des Deutschen Caritasverbandes in Berlin nochmal ganz deutlich: »Wir waren nie ein Einwanderungsland und wir sind's bis heute nicht.«

Die Regeln, die bestimmen, wann sich jemand rechtmäßig in Deutschland aufhält, sind so zahlreich wie verwirrend. »Bürokratiemonster«, nannte der *Spiegel* das Regelwerk. Die *Welt* setzte noch eins drauf: Deutschland hätte »das dümmste Einwanderungsrecht überhaupt«. Stimmt. Einwanderung ist, auch wenn viele Menschen in Deutschland das nicht hören wollen, die Lösung. Einwanderung hat die USA groß und stark gemacht.

Doch für Leute wie Bevölkerungswissenschaftler Herwig Birg ist Zuwanderung natürlich keine Lösung. Es sei »unmoralisch«, sich bei den Einwanderern zu bedienen, sagte er in einem Interview mit dem *Focus*. »Wenn wir die Geburten anderer Länder importieren, beuten wir diese Länder demografisch aus. Das ist demografischer Kolonialismus.«

Der Interviewer hat Birg diesen Blödsinn durchgehen lassen. Kolonialismus bedeutet, andere Länder zu besetzen und zu unterwerfen. Zuwanderer kommen freiwillig zu uns, weil sie in Deutschland leben wollen. Mit diesem Begriff versucht Birg zu verschleiern, was er wirklich will. Und was viele andere mit ihm wollen: deutsche Kinder. Von deutschen Müttern. Für deutsche Sozialsysteme.

In diesem Land wollen Politiker »Kinder statt Inder«, wie Jürgen Rüttgers (CDU), der mal Ministerpräsident von Nordrhein-Westfalen und Bildungsminister dieses Landes war, 2000 sagte. »Der Reim ›Kinder statt Inder‹ ist wie ein harmloses brennendes Streichholz. Er entzündet eine riskante Zündschnur von Gedanken und Assoziationen. Am Ende brennen Häuser und Menschen sterben – keiner will dann mehr wissen, wie es dazu kam«, sagte der Wissenschaftsredakteur Ranga Yogeshwar der *Berliner Zeitung* damals. Tatsächlich hat die Zahl der fremdenfeindlichen Übergriffe seither sprunghaft zugenommen. Und viele Spitzenkräfte gehen lieber in die USA, anstatt in Deutschland zu bleiben.

Schweigende Lämmer –
die Frauenbeauftragten

Wo bleibt eigentlich der Aufschrei der Frauenbeauftragten? Wenn man die Suchbegriffe »Frauenbeauftragte« und »Kinderlose« bei Google ins Suchfeld eintippt, erscheint unter den ersten Treffern die Seite der »Landesarbeitsgemeinschaft kommunaler Frauenbüros Niedersachsen«. Dort wird eine Sprecherin zitiert: »Statistisch gesehen bekommen 42 % der Akademikerinnen heute keine Kinder, in absoluten Spitzenpositionen bleiben sogar 60 % der Frauen kinderlos. Dieses hat negative Folgen auf die Sozialsysteme.«

Die niedrige Geburtenrate wird in einem Atemzug mit den angeblich negativen Folgen genannt, so als seien Frauen dafür verantwortlich.

»Seit Jahrzehnten ist die ›Vereinbarkeit von Beruf und Familie‹ der Dauerbrenner im Reigen der frauenpolitischen Forderungen«, schreibt die saarländische Frauenbeauftragte. »Die prognostizierten Szenarien wirken so bedrohlich, dass seit kurzem Kinder nicht mehr nur als reine Privatsache gelten«, liest man weiter. Statt eines lauten Aufschreis: »Doch, unser Bauch gehört uns«, folgt ein Katalog von Forderungen, die man alle unterschreiben kann. Mehr Ganztagsbetreuung, Abschaffung des Ehegattensplittings und so weiter und so weiter.

Aber wo steht bitte der Satz, dass es die Freiheit einer jeden Frau ist, selbst zu entscheiden, ob sie Kinder bekommen will oder nicht? Ich habe kein Zitat von einer Frauenbeauftragten gefunden, die die Freiheit von Frauen verteidigt, selbst darüber zu entscheiden, ob sie Kinder will oder nicht.

Protest der Frauenbeauftragten gegen das Familienwahlrecht, das kinderlose Frauen zu Wählerinnen zweiter Klasse macht? Keine Treffer bei Google. Ich habe Pressedatenbänke geflöht, in denen Artikel seit 1949 gespeichert sind. Trefferzahl: null. Nicht einen einzigen Artikel habe ich gefunden, in dem eine Frauenbeauftragte eine Lanze für kinderlose Frauen gebrochen hätte. Oder sich kritisch zum Familienwahlrecht geäußert hätte. Frauenbeauftragte sind offenbar nur für Mütter da. Dass sie für die Rechte aller Frauen kämpfen, kann ich nicht erkennen.

Und noch eines: Kinderkriegen ist offenbar kein Vergnügen. Ich habe keine Kinder. Daher war ich auf Freundinnen angewiesen, die so freundlich waren, ihre ungeschönten Erfahrungen bei der Geburt ihrer Kinder zu schildern. »Es hat mich zerrissen«, erzählte mir eine Freundin. Der Scheidenriss musste genäht werden. Eine Narkose hielt der Arzt für unnötig. »Das sind Schmerzen wie Abermillionen Nadelstiche, nur stärker.« Wehenschmerzen gehören ja angeblich zu den schlimmsten Schmerzen überhaupt. Eine andere Freundin lag 18 Stunden in den Wehen. »Ich habe das Krankenhaus zusammengeschrien«, erinnert sie sich. Dabei hatte sie eine PDA-Spritze bekommen. Dabei wird eine Hohlnadel zwischen zwei Wirbel der Lendenwirbelsäule durch die Haut gestochen, um das Schmerzmittel zu injizieren. Sie hat nie erfahren, warum das Mittel ihr nicht geholfen hat. Die Schmerzen hat sie nicht vergessen.

Es gibt Frauen, die können nach der Geburt ihre Blase nicht kontrollieren. Sie leiden unter Blutungen, noch Wochen nach der Geburt, die nicht mal durch »Netzunterhosen« und »überdimensionierte Damenbinden« in Schach gehalten werden können. Nicht immer hilft die Beckenbodengymnastik und die Freude am Sex bleibt nach der Geburt getrübt.

Okay, genug gegruselt. Allerdings möchte ich Ihnen diesen schönen Satz von *Woman*-Autorin Sophie Hase nicht vorenthalten: »Wenn du vor fremden Menschen geschrien, geheult, geblutet, gepresst und gepupst hast (ihr verzeiht meine Direktheit) … dann lernst du, viele Dinge wesentlicher entspannter zu sehen.«

Und trotzdem: Eine Frau hat das Recht, selbst zu entscheiden, ob sie das durchleben möchte oder nicht.

Wacht endlich auf, ihr Frauenbeauftragten dieses Landes, macht endlich euren Job und schweigt nicht länger wie die Lämmer. Meldet euch in dieser frauenfeindlichen Debatte endlich zu Wort.

Schließlich habe ich ihn doch noch gefunden, diesen Satz: »Jeder hat das Recht, frei zu entscheiden, ob und wann die Geburt eigener Kinder erwünscht ist – dies beinhaltet auch das Recht auf Kinderlosigkeit.« Nein, er stand nicht auf der Seite einer Frauenbeauftragten. Sondern in einem Jahresbericht. Von Pro Familia.

Demografie und Demagogie

Die Deutschen werden immer älter. Es werden zu wenig Kinder geboren. Das gefährdet den Wohlstand. Und ruiniert die Sozialsysteme. Vermutlich wird diese Leier schon in Abi-Klausuren abgefragt. Wie sonst ist es zu erklären, dass so viele junge Leute Angst vor dem demografischen Wandel haben?

2013 fragte das Institut für Demoskopie Allensbach für das Bundesministerium für Familie, Senioren, Frauen und Jugend bei 1 097 Männern und Frauen im Alter von 20 bis 34 nach, was ihnen zum demografischen Wandel einfiele. Drei Viertel der jungen Erwachsenen, also fast alle, wussten, wovon die Rede war. Und sie haben Angst. »Über zwei Drittel der 20- bis 34-Jährigen betrachten den demografischen Wandel als ernsthaftes Problem (69 Prozent)«, heißt es im Ergebnis der Befragung. Mehr als die Hälfte, nämlich 56 Prozent, machen sich sogar ernsthafte Sorgen. Nur 23 Prozent, also nicht mal ein Viertel, erhoffen sich vom demografischen Wandel bessere Chancen auf dem Arbeitsmarkt.

Das einzig Positive: Die Jungen sind nicht sauer auf die Alten: »Der Blick auf die demografischen Veränderungen in der Gesellschaft führt bei den meisten jungen Erwachsenen nicht zu Ressentiments gegenüber den älteren Generationen.«

Bei den Älteren ist es nicht anders. »Kaum ein Thema hat bei den Bürgern aber auch so viele Ängste hervorgerufen«, liest man auf den Seiten der Bundeszentrale für politische Bildung. Das Volk hat also Angst.

Die Deutschen hatten eigentlich schon immer Angst vor dem demografischen Wandel. Sie wurde ihnen regelrecht eingeimpft. Der Historiker Thomas Bryant hat sich mit der Geschichte der Demografie in Deutschland befasst. Die Diskussion sei in vielen »vornehmlich westeuropäischen Ländern« nicht immer rational verlaufen, schreibt er. Aber »vor allem in Deutschland« sei die Debatte »durch eine geradezu außergewöhnliche Dramatisierung gekennzeichnet« gewesen. Die Diskussion sei überschattet von »apokalyptischen Untergangsängsten«. Viele Wissenschaftler, Politiker und andere Personen des öffentlichen Lebens hätten »die sinkenden Geburtenraten« als »nationale Tragödie« inszeniert. Bryant warnt: »Auch künftig« werde »die gefährliche Nähe von Demografie und Demagogie – gerade im Zeitalter der (massen)medialen Demokratie – sicherlich allenthalben zu beobachten sein«.

Genau das geschieht jetzt wieder.

»Politik machen, bedeutet, den Leuten so viel Angst einzujagen, dass ihnen jede Lösung recht ist«, soll der 1925 geborene Journalist Wolfgang Weidner gesagt haben. Wenn die Angst regiert, kann man die Sozialsysteme umbauen, wie es Kanzler Schröder mit seiner Agenda 2010 getan hat, also den Kündigungsschutz lockern, den Arbeitnehmern mehr Sozialabgaben aufbrummen, die Arbeitslosenunterstützung kürzen. »Wir müssen anerkennen und aussprechen, dass die Altersentwicklung unserer Gesellschaft, wenn wir jetzt nichts ändern, schon zu unseren Lebzeiten dazu führen würde, dass unsere vorbildlichen Systeme der Gesundheitsversorgung und Alterssicherung nicht mehr bezahlbar wären«, sagte Kanzler Schröder 2003, um das Land auf die Agenda 2010 einzustimmen. Sein Arbeitsminister Franz Müntefering ergänzte: »Wir Sozialdemokraten haben in der Vergangenheit die drohende Überalterung unserer Gesellschaft verschlafen. Jetzt sind wir aufgewacht. Unsere Antwort heißt: Agenda 2010! Die Demografie macht den Umbau unserer Sozialsysteme zwingend notwendig.«

Wenn die Angst regiert, kann man die Lebensarbeitszeit erhöhen, wie es die Große Koalition 2006 getan hat. Man kann die Leute dazu anhalten, privat vorzusorgen mit Riester und Rürup, wovon vor allem die Versicherungsbranche profitiert hat. Über Schröders angebliche Nähe zu diesen Leuten ist oft geschrieben worden.

Aber sind die Ängste vor dem demografischen Wandel wirklich berechtigt? Sind die Auswirkungen wirklich so dramatisch? Brauchen wir wirklich mehr eigene Kinder, um die Sozialsysteme am Laufen zu halten? Der Soziologe Karl Otto Hondrich bestreitet das: »So wenig man für Strom ein Elektrizitätswerk im eigenen Haus braucht, so wenig benötigen wir für die Systeme der sozialen Sicherung eigene Kinder.« Sie könnten auch mit »Frauen, Fremden« und »künstlichen Kinder«, also einer gesteigerten Produktivität am Laufen gehalten werden.

Gesteigerte Arbeitsproduktivität bedeutet, vereinfacht gesagt, dass pro Arbeitsstunde in Deutschland immer mehr Waren und Dienstleistungen geschaffen werden. Und diese Arbeitsproduktivität der arbeitenden Bevölkerung wächst seit Jahrzehnten. Wir werden also immer produktiver. In den frühen 1960er Jahren, so schreibt die Dienstleistungsgewerkschaft Verdi, arbeiteten die Menschen in Deutschland im Schnitt noch 1 000 Stunden pro Jahr. Heute sind es noch 700. Trotzdem ist das Bruttoinlandsprodukt (BIP) pro Person gestiegen. Laut Verdi-Angaben von 13 000 Euro pro Kopf auf über 34 000 Euro. Zwischen 1991 und 2011, also innerhalb von 20 Jahren, stieg die Produktivität um satte 22,7 Prozent. Wohlstand wird also nicht nur von Neubürgern geschaffen, die in die Sozialsysteme einzahlen, sondern auch durch gesteigerte Produktivität und Wirtschaftswachstum.

Der Mathematiker und Sozialwissenschaftler Gerd Bosbach (»Lügen mit Zahlen: Wie wir mit Statistiken manipuliert werden«) glaubt, dass die steigende Produktivität den demografischen Wandel auffangen könnte, und bringt es auf die simple Formel: »Produktivität schlägt Demografie«.

Der Tagesschau gab er im Mai 2013 ein sehenswertes Interview: »Ich schaue in die Vergangenheit, ins letzte Jahrhundert. Schon damals sind wir älter geworden. Der Jugendanteil ist gesunken und der der Rentner hat sich mehr als verdreifacht. Trotzdem sind wir nicht ausgestorben und der Sozialstaat wurde auch nicht abgebaut. Im Gegenteil: Der Sozialstaat wurde massiv ausgebaut, die Arbeitszeit verkürzt und der Wohlstand für alle erhöht«, sagte er und warnte, Politiker würden »mit nackten Bevölkerungszahlen für die nächsten 50 Jahre Angst machen«.

Dahinter vermutet Bosbach System: »Die Arbeitgeber haben … ein großes Interesse daran, die Lohnnebenkosten zu senken. Die Beiträge für die Rente sind der größte Posten der Lohnnebenkosten. Ohne die Angst vor dem demografischen Wandel wären die Arbeitgeber nie aus der paritätischen Finanzierung der gesetzlichen Rentenversicherung herausgekommen«, sagt er. Die Profiteure: Unternehmen, Finanzdienstleister und Versicherungen.

Tatsächlich sind von 2002 bis März 2016 16,5 Millionen Riester-Verträge in Deutschland abgeschlossen worden. Der Versicherungsbranche ist 2001 vom Bundestag unter einer rot-grünen Bundesregierung ein Produkt zugeschanzt worden, das vom Staat bezuschusst und beworben wird. Für die Branche ist das mehr als das, was für den Privatmann ein Sechser im Lotto wäre. Die Riester-Rente sei eine »Altersvorsorge für den Berater«, spottet die *Zeit*. 25 Milliarden Euro hat der Staat seit 2002 in die Riester-Rente gesteckt. Für Geringverdiener, deren Rentenlücken eigentlich gestopft werden sollten, lohnt es sich allerdings nicht zu riestern. Es gibt Berechnungen, wonach sie mindestens 90 Jahre alt werden müssen, um ihre Beiträge rauszukriegen. Stattdessen profitieren vor allem die Besserverdienenden, wie eine Untersuchung des Deutschen Instituts für Wirtschaftsforschung und der Freien Universität Berlin (FU) gezeigt hat.

»Ich halte die Riester-Rente für eine Art Betrug«, sagte Ex-Arbeitsminister Norbert Blüm bei Markus Lanz. Da ist der Konservative ganz auf einer Linie mit Sahra Wagenknecht von den Linken.

»Die von Rot-Grün vor 15 Jahren beschlossene Teilprivatisierung der Rente hat zwar die Taschen der Versicherungskonzerne gefüllt. Doch dafür werden Beschäftigte durch das sinkende Rentenniveau um die Früchte ihrer Arbeit geprellt«, liest man auf ihrer Homepage. »Riester? Abwickeln!«, fordert sie. Doch Andrea Nahles will an dieser Zusatzrente festhalten. Waren ja auch ihre Genossen, die den Bürgern Riester eingebrockt haben.

Hatz gegen Kinderlose spaltet die Gesellschaft

Die Hatz auf Kinderlose ist gefährlich. Sie spaltet die Gesellschaft. Mütter gehen auf Kinderlose los. Kinderlose auf Mütter. Eltern auf Kinderlose und umgekehrt. Selbst Kanzlerin Merkel muss sich ihre Kinderlosigkeit immer wieder vorwerfen lassen. »Frau Merkel verkörpert mit ihrer Biografie nicht die Erfahrungen der meisten Frauen, die beschäftigt, wie sie Familie und Job unter einen Hut bekommen, ob sie nach der Geburt für mehrere Jahre aussteigen wollen oder wie sie ihre Kinder am besten erziehen. Das ist nicht Merkels Welt«, sagte Doris Schröder-Köpf der *Zeit*, als die CDU-Politikerin sich 2005 anschickte, ihren Gatten Gerhard, den sie inzwischen geheiratet hatte, im Kanzleramt zu beerben.

Auch von AfD-Politikerin Frauke Petry musste sich Merkel Vorwürfe wegen ihrer Kinderlosigkeit anhören. »Ich habe vier Kinder, Angela Merkel hat keine,« sagte die AfD-Chefin kürzlich dem *Stern*. »Kinder veranlassen einen, über den eigenen Lebenshorizont hinaus zu sehen. Und das tut Merkel eben nicht.«

Frauke Petry glaubt also, den Durchblick zu haben, weil sie vier Kinder geboren hat. Und Mutter ist. Als Unternehmerin reichte ihr Weitblick allerdings nicht, um ihre Firma erfolgreich zu steuern. Petry ging pleite. Auch ihre Ehe zerbrach, inzwischen ist sie geschieden, zum zweiten Mal verheiratet, erwartet ihr fünftes Kind. Nicht der Rede wert, eigentlich. Sie ist nur kein gutes Beispiel für das Lebensmodell, das der AfD als Ideal vorschwebt: »Es sollte wieder erstrebenswert sein, eine Ehe einzugehen, Kinder zu erziehen und möglichst viel Zeit mit diesen zu verbringen«, steht im Parteiprogramm.

Nun schickt sich die AfD an, in den Bundestag einzuziehen, will nach Möglichkeit sogar regieren. Was Kinderlosen dann blüht, mag ich mir gar nicht vorstellen. Einen Vorgeschmack bekommt man, wenn man sich anschaut, was die AfD Sachsen-Anhalt fordert. Sie will »die Aufnahme einer ausgeglichenen Geburtenbilanz als Staatsziel in unser Grundgesetz«. In den Schulen sollen die Lehrer und Lehrerinnen »Familienkundeunterricht« geben. Und mit ihren Klassen alle »sozialen, biologischen, medizinischen und politischen Fragen des Ehelebens« durchnehmen. Die AfD will Eltern mit einem Darlehen belohnen, das mit jedem Kind getilgt ist, und zwar mit 25 Prozent. Nach vier Kindern soll das Darlehen abbezahlt sein. Beim fünften Kind soll es von der Bundesbank einen Hauskredit geben. Auch das ist ein Vorschlag aus der Mottenkiste der Geschichte. Es ist eine Neuauflage des Ehestandsdarlehens der Nazis.

Der AfD-Landtagsabgeordnete Hans-Thomas Tillschneider, laut Wikipedia ledig und Vater eines Sohnes, ist einer der Autoren des Papiers. In der niedrigen Geburtenrate sieht er, wie er der *Mitteldeutschen Zeitung* sagte, eine »existenzielle Gefahr für das deutsche Volk«. Auch das sind keine neuen Töne, klingt arg nach dem, was Burgdörfer schon Anfang des Jahrhunderts verbreitet hat.

Mitglieder der Jungen Gruppe der CDU/CSU- Bundestagsfraktion hatten eine ganz besondere Idee, wie man die Rentenkassen füllen könnte. Sie wollten eine »Demografie-Steuer« einführen. Eine Sondersteuer, abhängig vom Einkommen, die jeder Bürger zahlen soll, der älter als 25 ist. Gegenwind kam aus den eigenen Reihen. Das Kanzleramt versicherte schnell: Eine neue Steuer sei mit der Union nicht zu machen. Klar, mit Steuererhöhungen macht man sich bei den Wählern unbeliebt und verliert Wahlen. Den Griff in die Rentenkasse nehmen Bürger eher hin, trifft ja nicht alle. Der CDU-Bundestagsabgeordnete Tankred Schipanski glaubt noch immer an die Demografie-Steuer: »Unsere Sozialversicherungssysteme basieren auf einem Generationenvertrag. Da es aber immer weniger Kinder gibt, können sie auf Dauer so nicht mehr funktionieren«, schreibt er auf seiner Internetseite. »Daher ist es richtig, eine Abgabe einzuführen, die an die Anzahl eigener Kinder gekoppelt ist. Dies ist keine Diskriminierung von Kinderlosen, sondern eine Entlastung für die Familien mit Kindern. Der Vorstoß der Jungen Gruppe der Union trägt der Tatsache Rechnung, dass Eltern mit Kindern erheblich zu unserem Gemeinwesen und unserer Zukunft beitragen.«

Ansonsten sorgte Schipanski noch für Schlagzeilen, als er zugeben musste, jahrelang keine Zweitwohnungssteuer für seine Wohnung in Berlin gezahlt zu haben. Ein Abgeordneter, der das Gemeinwesen anmahnt und Steuern hinterzieht. Außerdem hat er was dagegen, das homosexuelle Paare Kinder adoptieren können. Die »Idee des Adoptionsrechts für Homosexuelle« verkenne »die Grundidee von Ehe und Familie«, meint der gebürtige Leipziger.

Ich würde nicht darauf wetten, dass diese Steuer nicht doch eines Tages kommt. Und ich ahne, wer sie zahlen wird: Kinderlose.

»Frühe Verschwendungssucht«

Auch im Netz, wo die Leute im Schutz der Anonymität losschlagen, ist die Spaltung der Gesellschaft in Kinderlose und Eltern nachlesbar. »Kinderlose sind Sozialschmarotzer, weil sie im Alter auf Menschen in der Pflege angewiesen sind. Das Geld bringt ihnen die Schnabeltasse nicht ans Bett. Da diese dann mehr Geld haben, können sie den Eltern, die aufgrund der Kindererziehung weniger haben, eine bessere Pflege vor der Nase ›wegkaufen‹«, schimpft ein Mann über Kinderlose bei *Focus-Online*. Woher dieser *Focus*-Leser wissen will, wie es mir in 30 Jahren geht und ob ich wirklich ein Pflegefall sein werde, ist mir zwar schleierhaft, aber gut. »Alle, die sich dafür entscheiden, keine Kinder zu bekommen, entscheiden sich dafür, keine Versorger im Alter zu haben!«, gibt ihm ein Leser recht. Ein weiterer schreibt: »Sie können sich drehen, wie Sie wollen, ohne Kinder läuft das süße Rentendasein nicht. Und damit ist auch klar, dass jeder, der gewollt kinderlos bleibt, sich schlichtweg vor seiner Verantwortung drückt.« Auf *Neon.de* ist der Kommentar zu lesen: »Kinderlose, die aufgrund ihrer früheren Verschwendungssucht vor dem 100. Lebensjahr bedürftig werden, erhalten als Gnadenbrot eine verminderte Sozialhilfe. Sie holen spätestens damit die Opfer und Sorgen nach, die Eltern für ihre Kinder aufgebracht haben.«

Und wehe, wehe, wenn Frauen auch noch offen zugeben, keine Kinder zu wollen. Nichts würde sie daran reizen, Kinder in die Welt zu setzen, schrieb die britische Journalistin Holly Brockwell in einem Artikel für die BBC. Sie überlege sogar, sich sterilisieren zu lassen, weil sie die Pille nicht vertrage. Der Shitstorm im Netz ließ nicht lange auf sich warten. Ein Mann schrieb ihr, er würde nun Geld für eine Operation sammeln – allerdings nicht für die von ihr geplante Sterilisation, sondern um ihr den Kehlkopf entfernen zu lassen, damit sie endlich den Mund halten würde.

Nicht anders in Deutschland. »Schwangerschaft und Geburt sind für mich nicht im Geringsten attraktiv«, schrieb Maria Kupfer in der *Zeit*. »Mein Glück hängt nicht von Strampelanzügen ab.« Wie sehr das Thema die Leute umtreibt, belegen die über 500 Kommentare. »Eine persönliche Entscheidung, die ich respektieren kann«, schrieb ein Leser. Er war die Ausnahme. »Mein, mein, mein. Ich, ich, ich«, hielt ihr dagegen eine selbst ernannte »Gerechtigkeitsfanatikerin« vor. »Allerdings sind mir solche Frauen lieber als Frauen, die ein Kind bekommen und es dann gleich in die Fremdbetreuung stecken, um ›Karriere‹ zu machen.« Und natürlich musste sich auch Maria Kupfer als Sozialschmarotzerin beschimpfen lassen. »Schön für Sie, wenn Sie Ihre Ideale verwirklichen können. Natürlich alles auf Kosten derjenigen, die die Kinder großziehen, die irgendwann Ihren Lebensabend finanzieren.« Die Autorinnen Garsoffky und Sembach schreiben gar vom »Kriegsgebiet zwischen Familien und Kinderlosen«. Und fordern: »Wir müssen das Wohlergehen von Familien zu einem zentralen Punkt all unseren Handelns machen.« Nein! Wir müssen das Wohlergehen aller Menschen zu einem zentralen Punkt all unseren Handelns machen.

Die Entbehrlichen

Die schwedische Schriftstellerin Ninni Holmqvist beschreibt in ihrem Roman »Die Entbehrlichen«, eine Gesellschaft, in der Mitglieder nur als produktiv gelten, wenn sie sich vermehren und Kinder bekommen haben. Kinderlose sind »die Entbehrlichen«. Sie werden mit 50 in ein geschlossenes Sanatorium eingewiesen, wo sie als Organspender doch noch zu nützlichen Mitgliedern der Gesellschaft werden. Dorrit Wegner ist eine dieser »Entbehrlichen«. Sie ist 50, hat keine Kinder bekommen. Deshalb soll sie der Gesellschaft wenigstens ihre Organe spenden. »Könnten in Zukunft Kinderlose zu Außenseitern der Gesellschaft werden in einer Zeit, wo der demografische Wandel zum echten Problem wird?«, fragte der Deutschlandfunk in einer Rezension. »Und was tun, wenn man nicht mehr als Mensch, sondern nur noch als ›entbehrlich‹ gilt?« Gute Frage. Der Mensch als reiner Kostenfaktor. Und Top-500-Rezensent Joko schreibt auf Amazon.de »Der fiktive Roman lässt vor den Augen des Lesers eine Welt entstehen, von der wir nur hoffen können, dass sie nie Wirklichkeit wird.« Zum Glück denkt niemand daran, Kinderlose auszuweiden, damit sie ihrem Dienst an der Allgemeinheit nachkommen. Nur bluten sollen sie. Wenigstens finanziell.

»Wer in einer Weise, die geeignet ist, den öffentlichen Frieden zu stören … die Menschenwürde anderer dadurch angreift, dass er eine vorbezeichnete Gruppe, Teile der Bevölkerung oder einen Einzelnen wegen seiner Zugehörigkeit zu einer vorbezeichneten Gruppe oder zu einem Teil der Bevölkerung beschimpft, böswillig verächtlich macht oder verleumdet«, macht sich nach § 130 StGB wegen Volksverhetzung strafbar. Die Hatz gegen Kinderlose ist nicht mehr weit davon entfernt. Denn was ist es anderes, wenn Kinderlose als Sozialschmarotzer beleidigt werden und man ihnen elementare Grundrechte streitig machen will? Doch Kinderlose haben keine Lobby. Sie halten lieber den Mund.

Vögeln fürs Vaterland ist eine kurzsichtige, dumme Politik. Man bürdet den Frauen die Last auf. Denn Bevölkerungspolitik ist immer Frauenpolitik.

Die Hatz auf Kinderlose lenkt von den Fehlern der Politik ab.

Lasst uns zusammenhalten, Leute. Es muss in diesem Land möglich sein, sich für Kinder zu entscheiden, ohne seine Existenz aufs Spiel zu setzen. Es muss in diesem Land für Eltern leichter werden, Familie und Beruf zu vereinbaren. Für Mütter. Und Väter. Es muss möglich sein, kinderlos zu bleiben, ohne sich zu rechtfertigen. Oder gar elementarer Grundrechte beraubt zu werden.

Lasst uns gemeinsam streiten für ein besseres, gerechteres Land. Klingt pathetisch und ist genauso gemeint.

Literaturverzeichnis

Bücher

Allmendinger, Jutta: Verschenkte Potenziale? Lebensverläufe nicht erwerbstätiger Frauen, Bundeszentrale für politische Bildung, Band 1120, 2011

Berlin-Institut für Bevölkerung und Entwicklung (Hrsg.): Die demografische Lage der Nation, Bundeszentrale für politische Bildung, Band 1148, 2011

Beuys, Barbara: Die neuen Frauen. Revolution im Kaiserreich 1900–1914, Bundeszentrale für politische Bildung, Band 1431, 2014

Burgdörfer, Friedrich: Volk ohne Jugend. Geburtenschwund und Überalterung des deutschen Volkskörpers, Vowinckel, 1939

Correll, Lena: Anrufung zur Mutterschaft. Eine wissenssoziologische Untersuchung von Kinderlosigkeit, Westfälisches Dampfboot, 2010

Dienel, Christiane: Kinderzahl und Staatsräson. Empfängnisverhütung und Bevölkerungspolitik in Deutschland und Frankreich bis 1918, Westfälisches Dampfboot, 1995

Frerk, Carsten: Violettbuch Kirchenfinanzen: Wie der Staat die Kirchen finanziert, Alibri, 2010

Garsoffky, Susanne und Sembach, Britta: Vereinbarkeit? Vom Leben berufstätiger Mütter und Väter. Bundeszentrale für politische Bildung, Band 1523, 2014

Herrmann, Horst: Die Heiligen Väter. Päpste und ihre Kinder, Aufbau, 2012

Herter-Eschweiler, Robert: Die langfristige Geburtenentwicklung in Deutschland, Leske und Budrich, 1998

Hinte, Holger (u.a.): Zeitenwende auf dem Arbeitsmarkt. Wie der demografische Wandel die Erwerbsgesellschaft verändert, Bundeszentrale für politische Bildung, Band 1292, 2013

Hondrich, Karl Otto: Weniger sind mehr. Warum der Geburtenrückgang ein Glücksfall für unsere Gesellschaft ist, Campus, 2007

Hubert, Michael: Deutschland im Wandel, Geschichte der deutschen Bevölkerung seit 1815, Steiner Verlag, 1998

Jäckel, Karin: Sag keinem, wer dein Vater ist. Das Schicksal von Priesterkindern, Dotbooks, 2012

Joosten, Astrid: Eine Frau, das ›Segenspendende Herz der Familie‹, Forum Frauengeschichte, Band 6, Centaurus, 1990

Kersten, J. u. a.: Demografie und Demokratie, Bundeszentrale für politische Bildung, Band 1317, 2012

Krassnitzer, Patrick u. Overath, Petra (Hrsg.): Bevölkerungsfragen, Prozesse des Wissenschaftstransfers in Deutschland und Frankreich (1870–1939), Böhlau, 2007

Krätschmer-Hahn, Rabea: Kinderlosigkeit in Deutschland, VS Verlag für Sozialwissenschaften, 2011

Kühne, Tobias: Willst Du arm und unfrei bleiben? Louise Zietz (1865–1922), Dräger und Wullenweber, 2015

Nolte, Paul: Generation Reform. Jenseits der blockierten Republik, C. H. Beck, 2004

Stüwe, Klaus (Hrsg.): Die großen Regierungserklärungen der deutschen Bundeskanzler von Adenauer bis Schröder, Leske und Budrich, 2002

Tönniges, Carl: Der Geburtenrückgang und die drohende Entvölkerung Deutschlands, Reprint from the collections of the University of California Libraries.

Vinken, Barbara: Die deutsche Mutter. Der lange Schatten eines Mythos, Fischer, 2007

Wehler, Hans-Ulrich: Deutsche Gesellschaftsgeschichte 1949 bis 1990, Bundeszentrale für politische Bildung, Band 777, 2008

Welding, Malte: Seid fruchtbar und beschwert euch! Ein Plädoyer für Kinder – trotz allem. Bundeszentrale für politische Bildung, Band 1567, 2015

Artikel und wissenschaftliche Aufsätze

Anonyme Mutter: Münchner Mutter erzählt. Die Suche macht mich fertig, tz, 13.9.2016

Appel, Kristina u.a.: Unsere Frauen für die Zukunft. Emotion Award 2016, Emotion Online, 28.7.2016

Arlt, Susanne: Aus der Klasse in die Abschiebung, Deutschlandradio, Beitrag vom 8.10.2015

Baumann, Daniel: Sieben Renten-Mythen, Frankfurter Rundschau, 5.5.2016

Beck-Gernsheim, Elisabeth: »Störfall Kind«. Frauen in der Planungsfalle. Bundeszentrale für politische Bildung: 50 Jahre Gleichberechtigung (Aus Politik und Zeitgeschichte), 2008

Beilke, D.: Ich ging in Baby Urlaub, danach war mein Job weg. Bild-Online, 25.10.2010

Berberich, Simon Che: »Deutschland wird kleiner, ärmer und älter«, Interview mit Herwig Birg, Focus, 2.11.2010

Böttges, Johanna: Frauen im dritten Reich. Ein Opfer für den Arbeitsmarkt, Kölner Stadtanzeiger, 6.7.2008

Bollmann, Ralph: Wie reich die Kirchen in Deutschland wirklich sind, Frankfurter Allgemeine Zeitung, 20.10.2013

Bryant, Thomas: Alterungsangst und Todesgefahr – der deutsche Demografie-Diskurs (1911–2011), Bundeszentrale für politische Bildung, 2.3.2011

Bundeszentrale für politische Bildung: Zahlen und Fakten zur Deutschen Einheit. Die Frage nach den Kosten der Wiedervereinigung, 28.9.2015

Dankbar, Christine: Frontal 21-Reporterin verklagt ZDF, weil sie weniger verdient als männliche Kollegen, Berliner Zeitung, 8.12.2016

Dernbach, Andrea: »Wir sind kein Einwanderungsland«, Tagesspiegel-Online vom 7.12.2006

Deutsche Presseagentur: Ein Weltkrieg, um die Ehe zu zerstören, Spiegel-Online, 2.10.2016

Dienel, Christiane: Bevölkerungspolitik in Deutschland. Berlin Institut für Weltbevölkerung und globale Entwicklung

Döblin, Alfred: Mehr Kinder, Der Sturm, Nr. 57, 1911

Doemes, Karl: Die gute, alte Rentenversicherung, Frankfurter Rundschau, 2.12.2014

Dückers, Tanja: Die kinderlose Frau ist an allem schuld, Zeit-Online, 4.12.2014

Di Fabio, Udo: Generationengerechtigkeit schaffen – Reformen für ein zukunftsfähiges Deutschland. In: Schönhauser Gespräche. Bundesverband deutscher Banken. Zwölftes gesellschaftspolitisches Forum der Banken. Deutschland altert – die demografische Herausforderung annehmen. Berlin, 2004

Flemming, Beate: »Mich gibt's praktisch gar nicht«, Stern, 15.2.2001

Freisfeld, Caroline: Unterm Glasdach, FAZ-Online, 6.7.2011

Galaktionow, Barbara: Produktivität schlägt Demografie, Süddeutsche Zeitung, 11.4.2014

Gensing, Patrick: Hamburg: Knapp 80 Schüler abgeschoben. NDR, 19.4.2016

Gersemann, Olaf: Den Kindern ein Kommando, Welt am Sonntag, 16.11.2014

Gewerkschaft Erziehung und Wissenschaft: Marode Schulen, 34 Milliarden Euro Sanierungsbedarf, 5.9.2016

Groll, Tina: Die Frauen werden fürs Erziehen bestraft, Die Zeit, 5.11.2014

Hagelüken, Alexander: Raus aus der Teilzeit-Falle, Süddeutsche Zeitung, 27.9.2016

Hardenberg, Anja u.a.: Milliardengrab Familienpolitik, Bild am Sonntag, 2.2.2014

Hase, Sophie: Ein paar Wahrheiten über die Geburt, Woman-Online, 10.7.2014

Heinemann, Christoph: »Größter Fehler der Nachkriegsgeschichte«, Interview mit dem Ökonom Bernd Raffelhüschen, Deutschlandfunk, 15.5.2015

Henrichs, Ina: »Kinderlose nicht bekehren«. Felicitas Heyne über die Idealisierung der Mutterschaft und Babys als Lifestyle-Produkt, Kölner Stadtanzeiger, 16.11.2015

Herpell, Gabriela: Im Gesetz steht von Liebe kein Wort, Süddeutsche Magazin, 06/2016

Kinkel, Lutz: Die staatliche Mega-Rente für die Kirchen, stern.de, 5.2.2016

Klaiber, Susanne: Wie ein deutsches Gericht Eltern vor die Füße spuckt, The Huffington Post, 27.08.2015

Knapp, Ursula: Herber Rückschlag für Eltern, Tagesspiegel, 26.8.2015

Kostrzewa, Anne: Kitas, Kinder, Kompromisse, Süddeutsche Zeitung, 8.7.2015

Koschnitzke, Lukas: Hausarbeit bleibt Frauensache, Die Zeit, 10.3.2014

Koschnitzke, Lukas: Birkenstock zahlte Frauen einen Euro weniger, Der Spiegel, 7.3.2015

Kramer, Bernd: Sind Jungen die neuen Verlierer?, Spiegel-Online, 4.1.2016

Kruse, Christiane: Madame, Sie haben den Job. Oder wartet irgendwo noch ein Mann?, Frankfurter Allgemeine Zeitung, 28.8.2013

Kubitza, Heinz-Werner: Ist die Theologie eine Wissenschaft? Lehre unter Denkmalschutz, Tagesspiegel, 4.4.2015

Kuller, Christiane: Die kinderlose Akademikerin und der Niedergang der deutschen Bevölkerung, in: Frauenstudien 42, Frauenbeauftragte der Ludwig-Maximilians-Universität München, 2011

Kupfer, Maria: »Mein Glück hängt nicht von Strampelanzügen ab«, Die Zeit, 26.9.2015

Liminski, Jürgen: »Permanenter Verlust an Freiheit«, Paul Kirchhof dringt auf schlankeren Staat, Interview Deutschlandfunk, 23.3.2008

Litters, Jennifer: Familien ohne Kinder bestrafen?, Focus-Online, 9.2.2014

Macha, Hildegard u.a.: Ausgebremst. Über den Mangel an Frauen in der Wissenschaft – Hintergründe und Perspektiven, Forschung und Lehre, 7.7.2008

Merlot, Julian: Wo Männer am meisten im Haushalt machen, Spiegel-Online, 8.9.2016

Müntefering, Franz: Sonst sehen wir alt aus, Süddeutsche Zeitung 7.10.2015

Niejahr, Elisabeth: Plötzlich arm, Die Zeit, 22.5.2014

Oberhuber, Nadine: Für den Prunkbau zu Limburg zahlen alle, Zeit-Online, 16.10.2013

Öchsner, Thomas: Falscher Elternaufstand, Süddeutsche Zeitung, 30.9.2015

Ott, Clara u.a.: Hier scheitern Ehen in Deutschland am häufigsten, Die Welt, 15.7.2016

Peschel-Gutzeit, Lore Maria: Plädoyer für das Kinderwahlrecht, in: Deutsche Liga für das Kind, Ausgabe 1/98

Ritter, Gerhard A.: Sozialpolitik in der deutschen Wiedervereinigung, ZSR 55, Heft 1

Rosenkranz, Jan: Ein Paradies namens Pension, Stern-Online, 28.8.2009

Roßmann, Robert: CDU streitet über Kinderlosen-Abgabe, Süddeutsche Zeitung, 22.6.2015

Schneider, Mathias u.a.: Glücklich ohne Kind, Stern, 10.4.2014

Schreiber, Wilfrid: Existenzsicherheit in der industriellen Gesellschaft. Unveränderter Nachdruck des »Schreiber-Planes« zur dynamischen Rente aus dem Jahr 1955. Bund Katholischer Unternehmer

Schrupp, Antje: Eine Million Gründe gegen Kinder, Zeit-Online, 24.8.2015

Schumann, Jan: »Geburtenbilanz« Kinderquote als Staatsdoktrin, Mitteldeutsche Zeitung, 14.11.2016

Siems, Dorothea: Die Grenzen der deutschen Familienpolitik. Der

DDR gelang die Steigerung der Geburten. Ein Vorbild für die Bundesrepublik?, Die Welt, 22.2.2015

Sontheimer, Michael: Lange, braune Schatten. Im Nationalsozialismus wurden rassenfanatische Bevölkerungswissenschaftler zu Handlangern der Diktatur, Der Spiegel, 24.10.2006

Szent-Ivanyi, Tomot: »Kinderlose sollen mehr Beiträge zahlen«, Interview mit Jens Spahn, Frankfurter Rundschau, 11.3.2014

Teufel, Otto: Einer schuftet im Augiasstall, taz, 31.1.2011

Verdi, Vereinte Dienstleistungsgewerkschaft: Die gesetzliche Rente stärken, Berlin, 2016

Waechter, Christine: Die Teilzeitfalle, Süddeutsche Online, 10.9.2016

Welty, Ute: Da wird massiv Angst geschürt. Statistik-Professor kritisiert Demografie-Prognosen, Tagesschau, 14.5.2013

Willeke, Stefan: Die Kassierer, Die Zeit, 5.2.2015

Zips, Martin: Von wegen Schall und Rauch, Studie Kindernamen und Vorurteile, Süddeutsche Zeitung, 2.1.2012

Andere Quellen und Studien

Bundesministerium für Familie, Senioren, Frauen und Jugend (Hrsg.): Demografischer Wandel – Zukunftserwartungen junger Erwachsener. Eine Repräsentativbefragung der 20- bis 34-Jährigen Bevölkerung durch das Institut für Demoskopie Allensbach im Auftrag des Bundesfamilienministeriums. Berlin, 2014

Deutscher Bundestag, 8. Wahlperiode, Drucksache 8/3121: Die Lage der Familien in der Bundesrepublik Deutschland, dritter Familienbericht

Deutscher Bundestag, wissenschaftlicher Dienst: Vor- und Nachteile des dreigliedrigen Schulsystems, Deutscher Bundestag, 2006

Lenze, Anne und Antje Funcke: Alleinerziehende unter Druck, Bertelsmann Stiftung, 2016

Merkel, Angela: Rede von Bundeskanzlerin Dr. Angela Merkel zum Haushaltsgesetz 2017 vor dem Deutschen Bundestag am 23. November 2016 in Berlin

Müttergenesungswerk, Jahresbericht 2015

Riedmüller, Barbara u.a.: Die Lebens- und Erwerbsverläufe von Frauen im mittleren Lebensalter. FU Universität Berlin, 2012

SPD-Parteivorstand: Protokoll – Bundesparteitag 2003, 17. – 19. November 2003

Statistisches Bundesamt: Pressemitteilung vom 30.6.2016: 2015: Mehr Geburten, Sterbefälle und Eheschließungen

Danksagungen

Danke, danke, danke an meinen Mann Martin Herrnkind, meinen Lektor Rainer Weiss. Ich danke meiner Mutter und allen Frauen und Männern, die mir ihre Geschichten erzählten und ohne die ich nie hätte belegen können, wie politisch das Private ist.